부모와 함께 쓴
모둠일기

*〈지혜로운 교사〉 수익금의 일부는 교육 소외 계층을 지원하는 데 쓰입니다.
*〈지혜로운 교사〉 시리즈는 모두 재생지로 만듭니다.
 이 책의 표지 용지는 국산 재생지 앙코르 190g을 사용했고,
 본문 종이는 그린라이트 80g을 썼습니다.
*불필요한 면지는 사용하지 않았습니다.

지혜로운 교사

**부모와
함께 쓴**

모둠일기

ⓒ 주순영, 2009
2009년 11월 23일 처음 펴냄

지은이   주순영
펴낸곳   (주)우리교육
펴낸이   신명철
편집장   김기언
기획편집 전유미, 이진주, 이은주
디자인   DNC 정인영
등록   제313-2001-52호
주소   (121-841) 서울시 마포구 서교동 449-6
전화   02-3142-6770
전송   02-3142-6772
홈페이지 www.uriedu.co.kr
블로그   blog.naver.com/daum_edu

이 책의 내용을 쓰고자 할 때는 저작권자와 출판사의 허락을 받아야 합니다.
잘못된 책은 바꾸어 드립니다.

ISBN 978-89-8040-658-6 13370

이 도서의 국립중앙도서관 출판시도서목록(CIP)은
e-CIP 홈페이지(http://www.nl.go.kr/cip.php)에서 이용하실 수 있습니다.
(CIP제어번호:CIP2009003609)

지혜로운 교사

부모와 함께 쓴
모둠일기

주순영 지음

우리교육

배움과 나눔, 모두를 위한 교육 지혜로운교사

시리즈를 펴내며

여전히 많은 문제들을 안고 있지만, 우리 교육계는 제도와 내용이라는 두 측면에서 한 걸음씩 나아가고 있습니다. 현장 교사들의 꾸준한 연구와 실천을 통해 수많은 교육 자료들이 쌓이고 있습니다.

그럼에도 우리 교육출판계를 보면, 그 흔적을 찾기 힘듭니다. 직접 아이들과 함께 한 교육활동의 결과들을, 말 그대로 살아 있는 교사의 언어로 담아낸 책들이 빈약합니다. 교사들의 실천을 정리해 내는 동시에 다른 교사들의 성장을 도모할 수 있는 그 무엇이 필요하다고 봅니다.

교사는 끊임없이 배우고 성장하며 나누는 존재입니다. 아무리 세상이 경쟁으로 치닫고 자본에 눈먼다 해도 교육에서만은 포기할 수 없는 중심 가치가 있습니다. 바로 '배움'과 '나눔'입니다. 스스로 서고 더불어 잘 살기 위한 배움과 나눔이 아니라면 교육의 진정성은 사라질지도 모릅니다.

우리교육은 '모두를 위한 교육'을 지향하며, 이제껏 개인 차원에서만 다루어진 교사들의 교육 실천 경험들을 〈지혜로운 교사〉 시리즈로 모아 내고자 합니다. 그 결과물을 다른 교사들과 나누는 과정에서 함께 성장해 가는 책으로 만들고자 합니다. 이 각박한 세상에서 묵묵히 아이들과 함께 교사들이 일구고 있는 미래를 이 속에 고스란히 담고 싶습니다.

2009년 11월 우리교육

차례

8   **들어가며** 부모, 일기를 쓰다

1장 우리 아이들에게
　　　무슨 일이
　　　일어나고 있을까

15   **특별한 인연이 일을 만든다**

20   **우리 아이들에게 무슨 일이 일어나고 있을까**

일기장에 나타난 아이들 마음 읽기 | 공부 스트레스에 시달리는 아이들 | 가정이 흔들리면 아이들은 불안하다 | 부모는 강자, 아이는 약자 | 누구보다 잘하고 싶은 건, 바로 '나'다 | 마음 깊은 곳의 이야기를 끄집어내다

54   **처음 쓰는 사람이 중요하다**

부모에게 학교의 벽은 너무 높다 | 조심스레 보낸 모둠 일기 안내장 | 처음 쓰는 사람이 중요하다

2장 부모와 함께 쓴 모둠 일기

62 모둠 일기장에 담긴 열세 가지 이야기

부모에게도 어린 시절이 있었다 | 어른으로 살아간다는 건 | 내 아이의 교실로 들어가기 | 아이들 마음 헤아리기 | 온 식구가 함께 쓰는 모둠 일기 | 사회참여, 비판의식도 담아 | 여럿이 함께 고민을 나누다 | 세상에 남겨진 마지막 일기 | 우리 식구가 달라졌어요 | 고달픈 하루를 마치고 쓰는 일기 | 이따금 담기는 교사에게 말 못한 고민들 | 내 아이의 또 다른 모습 | 부모들이 살아온 이야기

103 일기 쓰기를 가로막는 것들

일기 쓰기가 부담스러운 부모 | 일기 쓴 부모를 부러워하는 아이들 | 공포의 모둠 일기에 중독되다 | 모둠 일기의 맛을 알아 가다

3장 믿음과 연대는 가능하다

122 부모와 함께 쓴 모둠 일기, 그 후 이야기

색한지에 담아 보낸 편지와 설문지 | 두 달의 경험이 가져다준 선물 | 끊임없는 소통, 한 사람의 오해라도 풀어야 한다 | 한 권의 책으로 태어난 모둠 일기 | 이어지는 인연의 끈들 | 상처를 딛고 | 믿음과 연대는 가능하다

152 나오며 불안한 사회에서 희망의 씨앗 찾기

부모,
일기를 쓰다

"너 오늘 할 일 다 했니?"
"숙제는 했어?"
"일기는? 아직 안 쓰고 뭐해? 빨리 쓰고 자!"

아이들이 하루도 거르지 않고 부모님께 듣는 잔소리가 있다면, 아마도 일기 쓰기 때문일 것이다. 언제부터인지 부모에게 아이의 일기는 날마다 확인하고 학교에 제출해야 하는 숙제가 되었고, 국어 실력을 쌓는 한 방편이 되기도 했다. 그러다 보니 많은 아이들이 초등학교 울타리를 벗어남과 동시에 이 지긋지긋한 일기와 자연스럽게 작별을 한다. 중학교 때부터는 아이도 부모도 교사도 모두 일기에 관심을 보이지 않는다. 공부(?)를 해야 하기 때문이다.

그런 일기를 부모들이 쓰기 시작했다. 아이들에게만 강요(?)하던 일기를 부모들이, 그것도 아이들과 함께 쓴 것이다. 2008년 5월 6일부터 7월 8일까지 두 달 동안 서른세 아이들과 이들의 부모님들이 여섯 모둠으로 나뉘어 돌아가며 모둠 일기를 썼다. 아이 글과 부모 글, 교사의 짧은 답글이 이어졌고, 모둠마다 두 권씩 모두 열두 권의 일기장이 세상의 빛을 보게 되었다.

모둠 일기장은 다양한 빛깔의 삶들이 빚어낸 이야기들로 아롱아롱 채워졌다. 아이에게 들려주고 싶은 이야기, 부모로서의 바람, 선생님께 하소연하고 싶었던 이야기, 시대를 살아가며 느끼는 일상의 조각들, 한 식구로 살면서도 그동안 서로에게 보여 주지 못했던 이야기들까지 소박하고 꾸밈없는 글들이 차곡차곡 쌓여 갔다.

사실, '부모와 함께 쓴 모둠 일기'는 받아들이는 사람이나 권하는 사람 모두에게 그리 만만한 일이 아니었다. 학교 다닐 때조차 자기 이야기를 솔직하게 써 본 부모들이 많지 않았기 때문이다. 더욱이 어른이 되면서 글쓰기와는 멀리 떨어져 살던 부모들이 자식과 함께 일기를 쓴다는 일 자체가 부모들에게 엄청난 부담을 안겨 주기도 했다. 그러나 시작이 반이라고 자기 삶을 글로 풀어내는 과정을 지켜보며 부모에게도 글쓰기가 삶을 가꾸어 주는 도구가 될 수 있다는 새로운 가능성을 확인하게 되었다.

하루하루 모둠 일기가 이어지면서 우리 교실에는 새로운 기운이 스며들었다. 이제껏 부모가 쓴 글을 한 번도 본 적이 없던 아이들은 부모들이 정성껏 써 준 일기를 읽고 또 읽었다. 엄마 아빠의 또 다른 모습에 들뜨며 감동스러워 했다. 모둠 일기로 집안 분위기가 새롭게 바뀌고 있다는 이야기가 나도는가 싶더니, 갈등이 풀리기도 했다는 반가운 소식까지 들려왔다. 어른들보다 아이들이 더욱 열광했다.

이오덕 선생님은 글은 특별한 지식인들이 쓰는 게 아니라 땀 흘려 일하는 사람들이 써야 한다고 하셨다. 일하며 살아가는 이 땅의 모든 부모들도 마찬가지다. 아이와 함께 생각을 나누고 자기 삶을 비추어 보며 다른 부모들의 살아가는 모습을 통해 배우고 나누는 마당이 될 수 있음을 부모와 함께 모둠 일기를 쓰며 확인할 수 있었다.

2009년 11월
삼척에서 주순영

1장

우리 아이들에게 무슨 일이 일어나고 있을까

특별한 인연이 일을 만든다

우리 아이들에게 무슨 일이 일어나고 있을까

일기장에 나타난 아이들 마음 읽기 | 공부 스트레스에 시달리는 아이들 | 가정이 흔들리면 아이들은 불안하다 | 부모는 강자, 아이는 약자 | 누구보다 잘하고 싶은 건, 바로 '나'다 | 마음 깊은 곳의 이야기를 끄집어내다

처음 쓰는 사람이 중요하다

부모에게 학교의 벽은 너무 높다 | 조심스레 보낸 모둠 일기 안내장 | 처음 쓰는 사람이 중요하다

| **일러두기** |

- 아이들 일기나 글쓰기 공책에서 인용한 글, 부모들이 모둠 일기에 쓴 글 가운데서 이름을 밝히기 어려운 경우에는 거짓이름을 썼습니다.
- 아이들과 부모들이 쓴 글은 띄어쓰기와 맞춤법만 고치고 사투리나 입말은 그대로 두었습니다.

특별한 인연이 일을 만든다

2007년에 4학년 6반이던 아이들이 이듬해 반 편성 없이 그대로 5학년 1반으로 올라왔다. 담임교사를 발표하던 날, 나는 지난해 우리 반이던 아이들을 또다시 맡게 되었다는 사실을 알았다. 순전히 우연이었다.
지난해 나는 이 아이들과 재미나게 잘 살았다. 주마다 늘 두 시간을 넘기는 학급회의, 삶을 가꾸는 글쓰기, 함께 부르는 노래들, 여러 발표회, 잔치들을 하며 한 식구로 살아가는 학급살이를 잘 마무리했었다. 그런데 이게 웬일인가. 또다시 만나게 될 줄이야. 이런 즐거움은 금세 다짐으로 이어졌다.
'그래, 이렇게 다시 만나게 된 데엔 뭔가 깊은 뜻이 있을 거야. 지난해 해온 학급운영을 바탕으로 흩어 놓은 것들을 모아 보고 더 알차고 깊이 있는 만남을 준비해야지!'
두 해째 담임을 맡으면서 학기 초에 학부모님께 편지를 보냈다.

5학년 1반 학부모님께

봄이 오고 있지요? 우리 아이들도 겨우내 훌쩍 많이 컸네요. 자연의 변화가 철칙이듯이 우리 아이들의 변화도 자연스럽습니다. 그새 몸과 마음이 많이 자랐어요.

"너희 담임 선생님 누구야?"
"응, 지난해 4학년 때 담임이었던 주순영 선생님이야."
"뭐? 똑같은 선생님이야?"

인사드립니다. 2008년 한 해 5학년 1반 아이들과 함께 지내게 될 교사 주순영입니다. 제가 또다시 우리 아이들의 담임을 맡게 되어 송구스럽습니다. 아이들과 부모님 모두 새 학년이 되어 새로운 선생님을 맞이할 기대와 설렘으로 부풀었을 텐데 지난해와 같은 선생님이라니요!(실망하셨죠?)

그렇습니다. 원했든 원하지 않았든 우리는 다시 만났습니다.(저는 '우리의 만남은 운명'이라 하였고 어떤 사람은 '껌 딱지처럼 붙어 있는' 관계라 하였습니다.) 저도 지난해 아이들을 다시 맡게 되어 당황스러웠고 여러 고민도 되었습니다. 그러나 좋은 쪽으로 생각하기로 마음먹었습니다.

요즘 아이들에겐 '새 학기 증후군'이라는 게 있습니다. 낯설고 새로운 것에 적응하느라 스트레스를 받아 마음과 몸이 어려움을 겪는 것을 말하지요. 다행이 우리는 서로를 잘 알고 있어서 익숙하게 5학년 1학기 새 출발을 자연스럽게 해 나갈 수 있어서 좋습니다. 그리고 서로를 파악하는 시간도 필요 없을 뿐만 아니라 나아가 서로가 원하는 것이 무엇인지를 알고 있으니 얼마나 좋은지요.

그러나 경계해야 할 것도 있지요. 너무 잘 알고 있어 늘어질 수도 있습니다. 그러지 않도록 아이들이나 저나 느슨함 속에서도 새로운 긴장감을 가지고 새 학기를 맞고 있습니다. 타성에 젖어서 흐름에 그저 맡겨 놓지는 않겠습니다. 오히려 더 날마다 새롭게 아이들을 만나고 가르치며 배우겠습니다. 지난해 시도해 보지 않은 것도 과감하게 해 보고 아이마다 간직하고 있는 미처 발견하지 못한 새로운 보석도 찾아내도록 하겠습니다.

지난 한 해 글쓰기를 통해, 많은 진지한 토론을 통해 우리는 서로에 대한 많은 것들을 드러냈습니다. 저마다 지니고 있는 상처, 분노, 힘든 얘기들도 꺼내어 놓았습니다. 그래서 감히 말씀 드리자면 저는 아이마다 갖고 있는 어쩌지 못하는 냉정한 현실과 그것으로 생긴 여러 아픔들을 알게 되었습니다.(물론 전부는 아니겠지요.)

지난 한 해가 그러한 것들을 드러내고 공감하는 한 해였다면 올해는 한 발 더 나아가 그것을 제대로 바라볼 줄 알고 껴안고 나아가면서 한 걸음 더 내디딜 수 있는 해가 되려고 애쓰겠습니다. 아이들이 저를 믿고 저도 아이들의 눈빛만 봐도 원하는 것을 알아 알뜰히 챙기겠습니다.

경쟁과 성적과 공부만이 강조되는 현실에서 나름대로 열심히 공부도 하겠지만 세상을 당당하게 살아가는 힘을 기르는 데 많은 노력을 기울이겠습니다. 남을 배려하고 몸으로 실천하는 교육, 교사와 학생과 학부모 사이에 진정한 소통이 이루어지는 학급이 되도록 애써 보겠습니다.

우리 아이들에게 진정으로 필요한 것이 무엇인지를 알아 그들의 소리에 귀 기울이는 선생이 되도록 애쓰겠습니다. 이 일에 학부모님들도 힘을 보태어 주십시오. 그리하여 우리 아이들이 행복한 한 해가 되기를 바랍니다. 늘 관심과 따뜻한 격려 보내 주셔서 고맙습니다.(올해는 지난해 못 뵌 학부모님 얼굴도 다 뵐 수 있기를 희망합니다. 아직 만나 뵙고 싶은 부모님들이 꽤 있거든요. 마트에서든, 시장에서든, 관공서에서든 잠깐이라도 짧은 인사 나누고 싶습니다.)

상담할 일 있으시면 언제든지 메모나 전화로 연락해 주시면 시간 내겠습니다.
학부모 총회 날 시간 되시는 분은 오셔서 이것저것 말씀해 주세요.
내내 건강하시고 아이들과 더불어 행복한 날들 보내시길 바랍니다.

2008년 3월 9일
정라초등학교 5학년 1반 담임 주순영 드림

우리 아이들에게 무슨 일이 일어나고 있을까

초등학교 5학년 때는 아이들 대부분이 몸과 마음에 사춘기를 맞이한다. 부모의 간섭과 통제에서 벗어나고 싶어 하고 자아가 싹트고 자존감이 한창 물오를 때다. 세상을 보는 눈이 조금씩 삐딱해지고 자신들이 몸담고 살아온 세계에서 알을 깨고 나오려고 몸부림치는 시기이기도 하다.

이때 아이와 부모 사이에는 보이지 않는 골이 생겨나면서 서로가 웬수 보듯하기도 하고, 소소한 부딪힘부터 깊은 불신에 이르기까지 서로에 대한 원망이 짙어지기도 한다. 그야말로 서로를 이해할 수 없는 외계의 모습으로 비추는 것이다. 아이들은 우리 부모가 맞느냐고 혹시 의붓 엄마나 아빠가 아니냐고 따져 묻고, 부모는 부모대로 그런 자식이 제 뱃속으로 낳은 아이가 맞는지 의문스럽다며 하소연을 늘어놓는다.

이런 아이들이지만 재잘거리는 말투나 겉으로 드러나는 모습은 한없이 평온하기만 하다. 그럼에도 아이들이 내뱉는 거친 말들, 일기에 쓴 글들,

과잉행동 모습들을 자세히 들여다보면 그 속에는 화약고가 들어 있을 때가 많다.

4학년 2학기, 삐죽삐죽 여기저기서 아이들의 억압된 분노가 말과 행동으로 튀어나오고 있었다. 뭔가 마음껏 토해 낼 그릇이 필요하다는 생각이 들었다. 외면한다면 아이들은 극단의 방식으로 사고를 일으키거나 말없이 병든 채 시들어 갈 것 같았다. 그래서 누구에게도 방해 받지 않고 자신에게 일어나는 일들을 돌아보며 조용히 글쓰기에 몰입하는 시간을 자주 가졌다. 맘껏 자기 생각을 말할 수 있는 시간도 내주었다. 그러자 아이들은 집안에서 부모들과 부대끼며 살아가는 이야기들을 거칠지만 솔직하게 털어놓았다.

일기장에 나타난 아이들 마음 읽기

같은 아이들과 2년을 지내면서 아이들 삶을 속속들이 들여다볼 기회가 많았다. 특히 날마다 얻어 보는 아이들이 쓴 일기와 애착을 가지고 이끌던 글쓰기 공부를 통해 아이들 속으로 조금 더 깊이 들어갈 수 있었다. 아이들 가운데는 며칠만 지내보면 금세 문제를 드러내는 아이가 있는가 하면, 겉으로는 멀쩡해 보이지만 상처가 곪을 대로 곪은 아이도 있었다. 공부로 인한 스트레스부터 가정이 흔들리는 데서 비롯된 문제까지 아이들의 가녀린 신음 소리는 곳곳에서 들려왔다. 늘 술에 취해 들어오는 아빠, 바람난 엄마, 폭력을 휘두르거나 무기력한 부모, 내일이라도 당장 엄마 아빠가 헤어질 것 같은 집안 분위기……. 그런 엄마 아빠의 모습을 우리 아이들은 담담하게 때로는 숨죽이며 지켜보고 있었다.

치료가 쉽지 않아 보였다. 하루 이틀 뚝딱 해결할 수 있는 문제가 아니었다. 시간을 두고 긴 호흡으로 다가가야 했다. 그러기 위해서는 먼저 내가 손을 내밀어 저들 편이라는 믿음을 주어야 했다. 어떤 사이든 믿음이 바탕이 되지 않으면 아무짝에도 쓸모가 없다. 서로 사랑하고 믿어 주고 아껴 주는 가운데 조금씩 마음의 문을 열어야 한다는 생각이 들었다.

아이들은 자기가 아픈 줄도, 상처가 깊어지는 지도 모르고 그저 시들어만 갔다. 문제가 있는지도 모르니 해결책을 찾을 리도 없었다. 부모도 마찬가지였다. 겉으로는 말 잘 듣고, 시키는 일이면 별 탈 없이 따라 주는 내 아이가 위험한 생각을 하고 있으리라고는 눈곱만큼도 알아채지 못할 게 뻔했다. 이대로 두어서는 안 되겠다는 생각에 이르자 부모 자식 사이의 거리를 좁히는 게 무엇보다 중요했다. 더 늦기 전에 서로를 이해하는 마당이 필요했다. 하루가 급했다.

공부 스트레스에 시달리는 아이들

엄마 제발 그만하세요 | 김별이

나는 집에 가면 항상 기분이 나쁘다. 할 일이 산더미처럼 쌓여 있기 때문이다. 한자, 영어, 예습, 복습, 피아노 연습, 신문 읽고 모르는 낱말 공책에 뜻 적기 등 너무나 많다. 엄마는

"1분 1초라도 시간을 귀하게 생각해."

라고 한다. 자꾸 화만 내고 만화책도 못 보게 한다. 엄마에 대한 잘못을 당당하게 말하면 혼날 것 같아서 장난하듯이
"엄마~ 맨날 화만 내요?"
하면 안 듣고 무시한다. 날마다 엄마한테 당하고, 공부 점수가 떨어지면 화를 낸다. 내가 신경 쓰지 말라고 하면
"알았다."
하면서도 신경 쓴다. 매일 불행하고 내 마음도 몰라주고 때린다고 협박하고 물건 부수려 하고 컴퓨터와 텔레비전 부순다고 협박을 한다. 속으로는 엄마를 욕한다. 하지만 그렇게 하는 게 쉽지가 않다. 왜냐하면 내 마음을 나는 잘 알지도 못하고 엄마 속마음도 잘 알지 못해서 계속 당한다. 때가 되면 내 모든 마음에 쌓였던 스트레스를 다 말할 생각이다. 그래서 엄마도 나에 대한 원한을 풀게 만들 생각이다.
사실은 엄마보다 아빠가 더 좋다. 왜냐하면 부드럽게 해 주고 화도 많이 안 내고 그런 우리 아빠를 좋아한다는 걸 엄마도 사실은 다 알 것이다. 우리 아빠는 실수로 날 때리면
"미안해. 어디 다치지 않았니?"
하는데 엄마는
"너가 거기 있으니까 다치는 거야."
한다. 엄마는 말로만
"욕 안 하고 소리만 지르잖아."

하는데 난 이해가 잘 안 된다. '지랄 새끼' 이런 게 욕이지. 엄마는 어떤 게 욕인지 확실히 모르고 있다.

엄마가 나를 어떻게 생각하는지 나는 잘 모른다. 내가 자랑스럽다는 말도 순 뻥이다. 공부가 얼마나 중요한지는 나도 잘 안다. 하지만 나에게도 쉴 시간이 있어야 하는 게 아닌가. 나도 훌륭한 사람이 되고 싶지만 그게 뜻대로 안 되고 난 거기까지는 안 될 생각이다. 엄마는 나를 못 믿는 거 같다. 나와 마음이 똑같은 동생 달이도 이렇게 생각한다. 아주 지긋지긋하게 협박이나 하고.

엄마가 좋을 때도 있다. 좋을 때는
"하루만 맘대로 실컷 놀아라."
할 때가 제일 좋다.

그리고 학원도 사실 다니기 싫다. 하지만 음악 공부를 잘해야 하니까 안 다닐 수 없다. 이렇게 난 공부에 완전 전염병처럼 물든 거 같다. 난 이제 엄청난 자유를 갖고 싶다. 말로만 하면 되는 그런 자유를 말이다. 그런데 나는 이게 너무나도 궁금하다. 왜 엄마가 나한테 이렇게 고독하게 공부를 시키는지 모르겠다.

난 학교에서는 너무나 좋다. 엄마가 화내면 빨리 학교 가고 싶은 생각이 든다. 학교에서는 스트레스가 확 풀린다. 선생님한테 손바닥 맞은 게 엄마한테 맞은 거하고 차이가 난다. 학교에서 내가 윤지를 한번 놀리면 내 머리를 잡아당기고 머리와 등을 빡세게 때린다. 그래도 학교생활은 재밌다. 시험 볼 때만큼은 그리 즐겁지가 않다. 왜

냐하면 시험 점수가 엄마 성격을 바꾸기 때문이다.

엄마는 항상 날 힘들게 시키고 내가 원하는 것은 안 해 준다. 엄마가 단지 어른이라는 이유로 당하고 있을 내가 아니다. 그리고 나라에는 자유가 있어야 행복이 있다. 이젠 나도 행복해지는 바람이 있다.

책 | 김별이
책을 보면 머리가 아프고
이리저리 얼굴을 흔들면서
딴 짓만 계속한다.
책을 억지로 보면 죽고 싶다.
엄마가 허리 아파 누워 있을 때도
책을 보라 한다.
이를 꽉 깨물면서
책을 찢어 버리고 싶다.
책은 무서운 나의 적.

별이 엄마는 전업주부로 살면서 아이에게 할 수 있는 모든 것을 쏟아붓는다. 책을 많이 읽어야 한다며 다락방을 온통 책으로 꾸며 주기도 하고 영화관처럼 비디오를 볼 수 있도록 대형 스크린도 설치해 준다. 주말이면 체험활동을 시켜 주느라 바쁘다. 주중에도 체험학습 신청서를 내고 일주일 혹은 열흘씩 여행을 다닌다. 놀이공원 1년치 이용권을 끊어 놓기도 한다. 별이가 여러 아이들과 어울리도록 동무 관계도 세심하게 신경 쓴다. 반 아이들을 자주 불러 모아 음식을 대접하고 차에 태워 두루 돌아다닌다. 차안에는 노래방 기계를 설치해 놓고 아이들이 맘껏 즐길 수 있게 해 준다. 이게 다 아이를 위해서 부모로서 마땅히 해야 할 일이라 생각한다.

여기에는 부모로서 이 정도 하니까 너는 자식으로 이 정도는 따라와 줘야 한다는 계산이 깔려 있다. 부모 욕심만큼 아이가 따라와 주지 않으면 물건을 던지고 부수려고 하고 협박까지 한다. 아파 누워 있을 때조차 책을 보며 쉬라고 한다. 아이는 그런 부모의 기세에 눌려 있으면서도 눈치껏 반항을 시도해 보지만 역부족이다. 서서히 부모에게 길들여진다. 아이는 고독하고 외롭다.

엄마 때문에 미치겠어요 | 이하늘

난 지금 영어를 강제로 시키는 이하늘 엄마 때문에 미치겠고 못살겠다. 난 튼튼영어를 해야 히는데 아침마다 모닝콜로 전화가 온다. 그래서 들은 영어를 전화로 말해야 한다. 그런데 엄마는 내가 하루라도 영어를 안 들으면

"영어 때려치워!"

하고 크게 소리친다. 나는 영어하는 것 싫다고 했는데 강제로 시켜서 돈만 아깝게 한다. 영어를 한 시간 동안 들어야 한다. 엄마는 화장실에 있으면서도

"너, 영어 소리 안 들린다."
"이게 뭔 뜻인지 아냐?"
라고 묻는다. 그럴 때마다 나는 이하늘 엄마가 혹시 새엄마가 아닐까 하는 생각이 들기도 한다.
그리고 또 아빠한테도 스트레스가 쌓인다. 아빠는 주로 돈 이야기만 나에게 한다. 용돈 오천 원을 주면서도
"아껴 써라."
하는데 내 마음대로 마구 다 써 버리면
"이 가시나는 이제 용돈 주지 마."
라고 한다. 그러고 나서 우주한테는
"우주야, 너는 용돈 많지? 우주는 아껴서 잘 쓰네."
한다. 참, 기가 막혀서 말도 못 하겠다. 또 내가 첫째라고 양보도 계속 하라고 한다.
"너가 첫째잖아. 좀 양보해라."
이런 말은 듣기도 싫다. 동생이 잘못한 일도 내가 혼나고 맞아야 한다. 또 내가 동생을 때리면 안 되나? 동생은 언니, 오빠를 때려도 안 혼난다. 그런데 왜 난 동생을 때리면 혼날까? 왜! 왜! 왜! 그리고 욕도 해 주고 싶다. 난 속으로 욕을 한다. 어떨 땐 책을 집어던지기도 하고 소리를 지르기도 한다. 나도 잘못은 있지만 어른들이 이제는 없어졌으면 좋겠다. 공부라는 것은 지겹다!

우리나라 부모들이 벗어날 수 없는 욕망 가운데 하나가 제 자식을 남보다 낫게 키우려는 것일 게다. 사교육비 1등, 대학 진학률 1등인 나라에서 공부와 성적에서 자유로운 부모는 없다. 특히 영어는 권력이라고까지 하니, 다른 건 다 못해도 영어 하나만 건지면 된다고 생각하는 사람들도 있다. 아이가 하기 싫은 영어를 부모는 강제로 시키면서 확인하고 의심하고 검열한다. 학벌이 신분 상승과 출세의 수단이 되는 나라에서 부모들은 아이에게 온통 잠재된 욕망의 허영을 아낌없이 쏟아붓는다. '다 너를 위해서'라면서. 아이는 미치겠다며 소리치지만 부모들에게는 그마저도 영어로 해야 들릴 것 같다.

형은 형이고 나는 나 | 송원민

엄마는 맨날 형아한테 공부하라 한다. 전교 1등 해야 한다고 고래고래 소리치신다. 형이 이번 시험 때문에 많이 속상할 거다. 저번에 전교 1등에서 이번엔 반에서 3등으로 밀려나갔기 때문이다. 엄마는 분명히 내가 중학생이 되면 쌔가 빠지게 공부를 시킬 거다.
우리 엄마는 특히 이런 점이 싫다. 내가 점수가 낮거나 시험을 봐서 1등 못하면 꼭
"형은 초등학생 때 맨날 1등만 했어. 알아? 너도 잘해!"
엄마는 내가 잘못할 때마다 형아와 나를 똑같이 본다. 몇 번 학원 안 간 것 같고 학원에서 맨날 엄마한테 전화 오게 한다 하고, 형이 어렸을 때는 학원을 안 가거나 불평불만이 없었는데 넌 안 그렇다면서.

엄마는 내가 잘못할 때마다 형과 똑같이 보니 기분이 나쁘다. 형이 공부를 잘하든, 운동을 잘하든 형은 형이고 나는 나이기 때문이다. 그리고 내가 컴퓨터를 오래 하는 것도 아닌데 딱 한 시간 하는데 쪼금 더 한다고 중독이라고 하면서 주말에만 하게 한다. 이런 엄마의 모습이 싫어요!

공부 잘하는 형과 자주 비교 당하는 원민이는 정말 괜찮은 아이다. 그림도 잘 그리고 글도 잘 쓰고 남도 배려한다. 누구보다 먼저 나서서 궂은일을 하고도 자신을 내세우지 않고 늘 겸손하다. 그러면서도 자기주장을 또렷이 말할 줄 알고 엄청난 끈기를 가지고 할 일을 해내는 아이다. 그런데도 공부 하나로 형과 단순 비교를 당한다. 부모는 있는 그대로의 아이를 인정하기가 쉽지 않은가 보다. 아이 말대로 형은 형이고 나는 나일 텐데 말이다.

우울한 날 | 신기현
아침부터 되는 일이 없다. 학교 끝나고 놀다가 배가 고파서 집에 들렀다. 학원에서 전화가 왔다. 일부러 안 받았다. 엄마한테 전화가 왔다. 받을까 말까 망설이다가 받았다.
"너, 어디야?"
"집이요."
"집은 또 왜?"

"배고파서요."

"배고파서? 참, 나! 빨리 먹고 학원 가!"

"네."

학원에서도 공부 끝나고 원장 선생님이

"집에 왜 들렀어?"

"가방이 무거워서요."

"말이 돼? 학원 차 타고 학원에 놔두는 거랑 무거운 가방을 메고 집에까지 갖다 놓는 거랑 생각을 해 봐. 논리적이라면 안 그랬겠지. 그리고 전에는 계속 놀았잖아. 선생님이 모를 줄 알아? 학기 초부터 계속 그랬잖아. 정라초등학교에 전화해 봤어. 특별한 사정없으면 3시 반 이후로 애들 잡아 놓지 않는데. 5학년이면 다 커서 안 그럴 줄 알고 봐 줬는데……. 한 번만 더 이러면 기현이, 너희 엄마 아빠한테 말해서 한 번 더 혼나게 할 거야. 알았어?"

완전히 다 알고 있어서 가슴의 양심이 쿡 찔렸다. 적어도 아빠한테는 안 된다. 엄마도 안 되지만. 집에 와서도 엄마가 오자마자 청소를 하고

"너 집에 왜 들렀어?"

"배고파서요."

"전에 집에 들르지 말라 했지?"

"네."

"그리고 배고프면 돈 챙겨 가. 너 꾀부리는 거지? 대체 집에 왜 들러?"

"조금이라도 쉬고 싶어서요."
"빨리 학원 갔다 와서 쉬면 되잖아."
집에 와서도 당했다.
"학원 다니기 싫지?"
"속셈만 끊었으면 좋겠어요."
"뭐? 왜 끊고 싶은데?"
"학교보다 진도가 빨라서 겹쳐서 헷갈려요."
"그래서 학원 이로울 것 없다 그거야? 그럼 피아노랑 영어는 왜 하는 거야?"
"피아노는 속상한 일 있으면 기분이 좋아지고 영어는 재미있어서요."
"그럼, 때려치워. 대신 너 내일부터 선생님 때려치워. 그렇게 해서 어떻게 선생님 해? 내일 학원에 전화할 테니까 알아서 해."
"네."
선생님 때려치우라고 했을 때 난 울었다. 생각만 해도 끔찍하다. 엄마가 빨리 짧게 쓰고 자라고 해서 그만 써야겠다.

우리 어른들에게도 이런 날이 있다. 뻔히 해야 한다는 건 알지만 도무지 아무 일도 하기 싫은 날. 그냥 마냥 쉬고 싶은 날. **빡빡한** 일상에서 하루쯤은 **땡땡이** 치고 싶은 날. 그 누구의 간섭이나 통제 없이 널브러져 자유롭고 싶은 날. 그런 생각이 드는 날은 몸에서 무언가 신호를 보내고 있다는 뜻이다. 그런 신호가 아이들이라고 예외일 순 없다. 그런데 대부분 부모들은 아이가 단 하루만 학원을 빠져도 안절부절하여 어찌할 바를 모른다. 학원에 갖다 바친 돈이 어디 한두 푼이랴. 게다가 하루 빠지면 뒤처지는 진도 걱정도 부모들 몫이다. 선생님이 되고 싶은 기현이. 선생님이 되려면 이것저것 해야 할 공부가 많다고, 어렸을 때부터 준비해야 한다는 부모님 말씀을 착실히 따르며 여러 군데 학원을 다니는 아이. 학원 가기 전에 잠시 집에 들렀는데 그것조차 허용하기 힘든 부모님과 학원 선생님. 왜 아이들은 자기가 하고 싶은 것을 하며 살아갈 최소한의 자유마저 빼앗겨야 할까. 부모에게, 학원에게 저당 잡힌 오늘날 아이들의 모습이 애처롭기 그지없다.

가정이 흔들리면 아이들은 불안하다

아빠의 퇴직(사표) | 이형민
아빠가 진급 시험에서 떨어졌다.
그래서 아빠가 군부대에
사표를 냈다고 한다.
술 먹고
닭발과 소주 두 병을 사서
집으로 가지고 왔다.
그리고 아빠는 울었다.

엄마가
"그만 좀 울어라. 운다고 해결되나?"
아빠는 아무 말 안 하고
술만 먹는다.

오늘 아침
엄마가 아빠 보고 부대에 가라고 해서
아빠는 갔다.
엄마는 이불을 덮고
잠만 잤다.

아버지가 군부대에서 일하는 아이다. 아버지는 진급 시험에서 떨어지자 더 이상 버틸 힘이 없었던지 사표를 냈다. 아버지가 우는 모습을 본 아이 마음은 어땠을까. 아버지를 보내 놓고 이불을 뒤집어쓰고 자는 엄마 마음까지 아이는 헤아릴 줄 안다. 집안에 드리운 무거운 먹구름이 아이 맘속에도 짙게 내려앉아 있다. 그래도 학교에서 지내는 아이 모습은 밝기만 하다.

술 먹은 엄마 | 황민영
엄마가 동생과 같이 왔다. 그런데 엄마는 술에 완전 취했다. 나는 방 안으로 들어가서 문을 잠갔다. 그리고 그 방에서 엄마 잘 때까지만 있었다. 동생은 자고 엄마는 잘 몰라서 잠근 문을 열고 봤더니 엄마도 잤다. 휴! 다행이었다. 엄마가 술을 먹으면 울다 웃다 때리다 이상한 사람이 돼 버린다. 나는 내 방에서 자기로 했다.

늦게 온 엄마 | 황민영
뭐 수요일이라고 할 수 없지
바로 금요일이니?
와~ 왜이래?
술을 먹어도 정도가 있지.
새벽 5시에 들어오는 이유가 뭐야?
이래서 난 엄마가 싫어.
뭐라 뭐라 지껄이는 엄마 보면
짜증 나.
이제 술 좀 끊으시지.

민영이네 엄마는 술에 취해 들어오는 날이 많다. 민영이는 동생과 둘이 저녁을 차려 먹고 엄마가 올 때까지 텔레비전을 보기도 하고 컴퓨터를 하기도 한다. 기다려도 기다려도 엄마는 들어올 생각을 않는다. 이런 날이 하루 이틀이 아니다. 민영이의 일기를 보면 새벽까지 엄마를 기다리며 잠들지 못한 날이 많았다. 오늘은 엄마가 동생이랑 같이 나갔는데 언제나 들어오시려나. 엄마 걱정, 동생 걱정에 민영이는 잠을 이룰 수가 없다. 어느 순간 엄마가 완전히 취한 채 들어오셨나 보다. 오늘은 또 어떤 일이 일어날지 몰라 아이는 방문을 잠그고 엄마가 잠이 들 때까지 기다렸다. 오늘은 엄마가 이상한 짓을 하지 않기를 간절히 바라면서 말이다. 민영이는 엄마한테 해 줄 수 있는 일이 별로 없다는 게 속상했을 것이고, 그런 민영이네를 지켜봐야 하는 나 역시 무력할 뿐이다.

어머니의 술 | 김기태
어머니가 술을 마시러 간다. 나쁜 일이 있어서 먹는 건 아니고 친구에게 전화가 와서 밥 먹었냐고 하니 어머니는 친구 분에게 "너는?" 하고 물으니 "돈스탑에서 먹고 있어. 너도 올래?" 했다. 그래서 어머니는 술만 먹는다 하고 가게 되셨다.
분명히 술 먹고 나면 아침에 일어나지 못할 수도 있다. 왜냐하면 술 먹고 늦게 오면 졸리고 술 취해서 잘 거고 아침에는 어제 술을 먹어서 몸살이 날 수도 있다. 말릴 수도 없고…….
조금만 드시면 좋겠다. 저번에도 술 먹고 오시다가 중간에 흙에 토하시고 또 집이 바로 앞인데 복도에서 토를 하셨다. 그리고 피곤해서 그냥 주무셨다. 그래서 복도에 있는 토도 내가 치웠다. 이웃집 개는 그런 마음도 모르고 컹컹 짖어댔었다. 어머니가 그냥 주무셔서 내가 이불도 깔아드렸다. 이번만은 그러지 않았으면 한다.

기태 아버지는 먼 데로 일하러 가시고 엄마는 이따금 밤에 친구를 만나러 나가서 술을 마시고 들어온다. 엄마가 취해 들어오는 날이면 기태는 괴롭다. 아침에 제대로 일어나지도 못하고 우리를 챙기지도 못하는 엄마를 보면서 기태는 안타깝기만 하다. 엄마가 토하고 힘들어 하는 모습을 보는 건 기태에게는 감당하기 괴로운 일이다. 자식이라 엄마한테 그러지 말라고 말릴 수도 없다. 말해도 엄마는 자식 말을 듣지 않는다. 기태한테는 아버지가 오시면 엄마가 술 마신 걸 말하지 말라고 한다. 엄마는 무슨 힘든 일이 있는 걸까? 엄마가 취하지 않고 들어와서 편히 주무시면 기태 마음도 편할 텐데…….

엄마가 좀 달라졌다 | 박종호

엄마가 좀 달라지셨다. 핸드폰 쓰는 양도 많아졌고 엄마가 전화 받고 있으면 나와 내 동생을 자꾸만 다른 방으로 가라고 하고 아빠가 들어오면 조금 있다가 전화한다고 한다. 그리고 이것은 내가 목격한 증거가 있다. 나하고 내 동생이 자고 난 후 내가 다시 일어났는데 엄마가 핸드폰으로
"자기야, 밥 먹었어?"
하고 또 다른 증거는 어떤 아저씨가 우리 엄마를 태워 주는 것도 보았다. 저번에 엄마 아빠가 싸워서 아빠가 엄마한테 사과를 했다. 그런데 '지금 엄마가 바람을 피우는 것은 아닐까' 라는 생각이 든다. 또 헬스장 아저씨랑 엄마 친구랑 자꾸 산에 올라간다. 내가 엄마한테
"엄마 산에 올라간 거 아빠한테 말해도 돼?"

하니까 엄마가
"안 돼. 비밀이야."
라고 했다. 그리고 엄마가 밤에 어디를 나가시면서
"아빠 전화 오면 잔다고 해."
라고도 한다. 난 이런 엄마가 좀 달라졌다고 생각한다. 하지만 엄마가 그런 짓을 할 사람 같지는 않지만 엄마가 좀 수상하다. 엄마가 이런 짓을 안 했으면 좋겠다.

이 글을 보고 나서는 마음이 진정되지 않았다. 이런 글을 써서 나에게 내민 종호가 고마웠다. 종호는 엄마한테 무슨 일이 일어나고 있는 것 같아 불안해 했다. 일부러 알려 하고 보려 한 게 아닌데 그냥 짐작으로 알게 되었나 보다. 예전의 엄마 같지가 않았나 보다. 아이는 엄마가 식구들이랑 같이 주말이면 산에도 가고 놀러도 가면 좋겠는데 늘 혼자 다닌다. 종호와 어린 동생은 엄마가 나가면 컴퓨터를 맘껏 해서 좋긴 하지만 하다 보면 지겹고 심심해진다고 했다. 그러다가 둘이 티격태격 싸우고 그러는 게 싫다고 했다. 아빠는 주말이면 피곤하다고 주무시거나 쉬시기만 한다. 종호는 엄마가 달라진 모습을 누구한테도 말할 수 없다. 그냥 숨죽이며 지켜볼 뿐이다. 이런 종호를 지켜봐야 하는 나는 종호 엄마한테나 종호네 식구 모두에게 아무 일도 일어나지 않기를 간절히 바랄뿐이다.

새엄마 | 전재희

선생님도 아시다시피 저희 친엄마랑 아빠랑 이혼하신 것 아시죠? 전 4학년 올라와서 다른 친구들이나 아무에게도 말하지 않으려고 했어요. 그런데 선생님은 아시게 되고 친구들 몇몇도 저절로 알게 되는 것 있죠. 그래서 더욱 더 밝고 활기차게 학교생활을 하려고 했어요. 근데 그게 마음대로 되지 않는 거 있죠. 하늘이, 태희, 수진이, 민희, 도현이, 인영이, 윤지, 미숙이, 소라 이런 애들이 종종 알게 되는 거예요. 전 친구들이 그런 얘기를 안 했으면 좋겠는데 민희랑 패거리 지어 다니는 애들이 자꾸 수군거리는 거예요. 전 정말 속상하고 분했어요.

근데 요새 새엄마가 다시 들어왔거든요? 아빠랑 약혼하시고 봄쯤에 결혼하시거든요. 선생님도 아시죠? 그 새엄마가 저에게 무지 잘해 주셔요. 아침저녁으로 밥 차려 주시고 너무 예뻐해 주시고 옷도 많이 사 주셔요. 전 살수록 정이 깊어 가는 거 있죠. 그래서 전 이제 친구들이 저의 엄마, 아빠 이혼했다면서 수군거릴 때 새엄마 생각을 하면서 신경을 끄게 됐어요. 아무튼 애들이 저의 가정에 대해서 얘기할 때 화나고 속상했었죠. 하지만 이젠 아무렇지 않아요. 새엄마가 들어와서 너무 좋거든요.

아빠랑 단둘이 살지만 참 야무지고 당당하게 살아가는 아이다. 그래도 외로움은 감출 수 없는지 재희에게는 어쩔 수 없는 그늘이 보였다. 나는 재희의 상황을 이해하려 했고 마음을 나누려 했다. 평소에는 어찌나 구김 없이 씩씩하게 지내는지 다른 아이들도 전혀 눈치채지 못했다. 감추고 숨기면서 스스로 모든 일을 챙기고 해 나가기까지 재희에게 주어진 몫이 컸을 것이다. 그럴수록 재희는 더 강해져야 했다. 아니, 그렇게 보이려고 애를 썼다. 둘레의 동무들이 조금씩 알아 가는 게 부담스럽지만 그래도 이젠 괜찮다. 재희에게도 엄마라고 부를 수 있는 분이 생겼기 때문이다. 누가 뭐라 하든 이제 신경 쓰지 않을 수 있게 되었다. 재희에게도 엄마가 생겼으니까 말이다.

사랑해서 결혼했잖아요 | 최수진

엄마는 아빠가 돈 안 갖다 준다면서 우리가 밥 먹거나 텔레비전을 볼 때 아빠 욕을 한다. 그럴 때마다 눈에 살짝 눈물방울이 맺히지만 애써 태연한 척하면서 화장실에 간다. 화장실에 가서 문을 잠가 놓고 소리 내지 않고 펑펑 마음껏 운다. 다 울고 나면 운 흔적을 보이지 않으려고 물로 씻어 낸다. 그런 뒤에 나가 보면 텔레비전 소리만 난다. 난 그냥 텔레비전만 보고 있다.

아빠가 오면 엄마는 알은체도 안 한다. 그럴 때마다 아빠가 너무 불쌍하다. 나는 엄마랑 자고 아빠는 아빠 방에서 자고 오빠들은 오빠 방에서 잔다. 아빠가 아빠 방에서 텔레비전을 보고 있으면 엄마는 우리들과 텔레비전을 보고 있다가 아는 이모한테 전화가 오면 나간다. 그러다가 몇 시간 뒤에 아빠가 나와서 엄마 있는지 없는지 살펴

보면서

"엄마, 어디 갔어?"

하고 물으면

"모르겠어요."

하면서 핑계를 댄다. 엄마가 들어와서 우리들과 다시 텔레비전을 본다. 아빠는 다시 방에서 나와서

"어디 갔다 왔어?"

"그냥 나갔다 왔어."

"전화 받고 나 몰래 나가면 내가 모를 줄 알았어?"

하면서 싸움으로 이어진다. 우린 그냥 방으로 들어간다. 엄마, 아빠 싸우는 소리에 속으로 '엄마, 아빠 대체 왜 그러는 거야. 처음에는 둘이 사랑해서 결혼했는데 계속 싸우는 이유가 뭐야?' 한다. 그런 생각을 하다 밖이 조용해지면 어떻게 됐는지 궁금해진다. 나가 보면 거실엔 아무도 없다. 아무 일 없었다는 듯이 아빠는 아빠 방에 가서 자고 있고 엄마도 나랑 같이 쓰는 방에서 자고 있다. 좀 조용해지면 내 마음이 조금 가벼워진다.

부모와 두 오빠가 있지만 모든 것을 제가 알아서 하는 아이다. 수련회 갈 때 도시락도 자신이 싸고 학교 준비물과 공부도 모두 누구의 도움도 없이 혼자서 해 나간다. 부모님이 너무 아이를 믿어서 그런지, 아빠는 돈 벌러 다니느라 바쁘고 엄마는 온갖 모임으로 일 다니는 사람보다 더 바

쁘고 오빠들도 알뜰하게 보살펴 주지 않는다. 먼 데서 학교를 다니지만 혼자 걸어 다닐 때가 많다. 학원도 안 다니니까 학교 마치고 시간이 많아 시내 여기저기 행사가 벌어지는 날이면 기웃거려 보고 자전거 타고 돌아다니기도 한다. 집에 들어와 밥 찾아 먹고 가끔씩은 집안 설거지며 오빠들 챙기는 몫까지 한다. 그러다 돈 때문에 힘들어 하는 부모님을 보면 집에 있기가 싫어진다. 그래서 또 밖으로 나돈다. 자전거 타고 바람이라도 쐬면서 돌아다니면 돈 생각을 안 해도 되니까.

부모는 강자, 아이는 약자

불쾌한 하루 | 조석호
오늘 나는 일기에 쓴다. 왜냐, 아주 불쾌한 일이 있기에 일기장에 쓴다. 오늘은 좆같은 날이다. 운동회 연습 때문에 아주 누구든 죽이고 싶었다. 학교가 끝나고 나는 짜증 나는 걸 풀려고 게임을 하려는데 엄마한테 전화가 왔다.
"석호 너 엄마한테 할 말 없어?"
"아, 알사탕 다 먹은 거?"
"석호 너 엄마 지갑에서 만원 훔쳐 갔어?"
"아니."
"솔직하게 말해."
"아니라고, 씨발 병신아."

오늘 운동회 연습 때문에 좆같은데 나는 그때 감정 조절을 못해 눈물이 나왔다. 훔치지도 않았는데 나만 의심하고. 하긴 내가 엄마 지갑에서 돈을 훔친 적이 있었지.
시간은 흘러 엄마가 왔다. 엄마가 나를 때리려고 할 때 엄마 손들을 때렸다. 난 이런 생각을 했다.
'그래 오늘 끝장 보자.'
나는 엄마에게 원망만 한다. 죽이고 싶은 느낌이 들고 선과 악이 싸우는 것이다. 나는 결국 아무 말도 없이 가만히 있었다. 나는 분노가 온몸을 덮쳐 이제는 뭐든 간에 패고 싶다. 내 분노는 점점 쌓여 간다. 어디까지 이어지는 걸까?
손에 힘을 꽉 준다. 윽~ 이건 대체 무슨 기분일까? 엿 같은 하루가 이렇게 끝난다.

학교에서도 억울한 일이 있었는데 집에 오니 엄마마저 아이를 의심한다. 가져가지도 않았는데 엄마가 돈을 가져갔다고 한다. 화가 날 때 컴퓨터 게임을 하면 그 생각을 안 할 수 있어서 좋다. 그러니 엄마가 퇴근해 올 때까지 두 시간이고 세 시간이고 마구 한다. 엄마한테 쌓인 분노가 커 갈수록 아이는 스스로를 제어하지 못한다. 엄마한테 욕을 하면 안 되는 줄 알지만 언제부터인가 자연스럽게 욕이 나왔다. 이제는 죽이고 싶은 생각도 든다. 혼자 참으며 감당하기엔 버겁다. 어떻게 풀어야 할까?

우리 엄마에 대한 분노 | 조석호

오늘은 할머니 집에서
삼척 우리 집까지 왔다.
집에 와서 먼저 엄마한테 전화했다.
"엄마, 내 관찰 기록문은?"
"그거? 쓰레기통에 넣었는데."
"왜 쓰레기통에 넣어? 아, 나……."
"집에 와서 쓰레기통 가서 뒤져."
"지금 비오잖아. 난 책상에 놔뒀다고……."
"그런데 바닥에 굴러다녀? 그만, 엄마 일해야 돼."
뚝 끊어 버렸다. 밤 10시가 되어서.

어떡해서든 학교생활은 열심히 잘해 보려고 하는데 엄마가 가끔씩 이렇게 돌게 만든다. 일주일도 넘게 걸려서 나름대로 관찰 기록문을 써서 선생님한테 칭찬까지 받았다. 그걸 컴퓨터로 작업하려고 보니 없다. 분명히 책상에 뒀는데 엄마는 쓰레기통에 넣었다가 바깥에 내다 버렸다고 한다. 이럴 수는 없다. 석호가 정성들여 기록한 관찰문, 정말 열심히 잘 했다. 문집에 꼭 넣고 싶었는데 결국 어이없게도 비오는 밤에 쓰레기통을 뒤져도 찾을 수 없게 되었다. 나도 화가 났다. 어쩌 이렇게 함부로 버려지게 됐을까? 석호보다 내가 더 안타까워했다. 석호는 오죽했을까? 엄마에게 중요한 것은 무엇일까?

혼난 날 | 구본준

오늘 아빠한테 혼났다.

겨우 말대꾸 한번 했다고 혼나냐? 엄마 휴대폰 착발신 입력을 다 지웠는데 아빠가 이제 엄마 휴대폰 건들지 말라고 했다. 알았다고 했는데 아빠가 갑자기 욕을 했다. 그래서 내가

"왜 욕질인데요?"

하니까 아빠가 갑자기 굵은 막대기가지고 나를 막 때리고 발로 걷어찼다. 아빠가 머리를 때렸는데 갑자기 머리가 띵했다. 굵은 막대기가 부러지고 또 얇은 나무 막대기가지고 막 때리고 무릎 꿇으라 해서 무릎을 꿇었는데 아빠가 발로 막 짓밟았다.

말대꾸 한번 했다고 이렇게 때리냐?

세상에 '맞을 짓'이란 게 있을까? 단언컨대 없다. 가정에서 벌어지는 부모들의 이런 무지한 폭력 앞에서 우리 아이들은 그저 속수무책 견뎌야만 하나? 그렇지 않고 피해 갈 수 있는 방법은 뭘까? 뭔가 근원적인 바뀜이 없는 한 약자인 아이들은 부모의 일방적인 폭력 앞에 무릎 꿇을 수밖에 없다. 아이들은 맞으면서 무슨 생각을 할까? 부모에 대한 존경심은 사라지고 억울함과 분노를 너머 복수까지도 생각하지 않을까?

엄마에게 죄송하다 | 구본준

오늘 오랜만에 누나가 와서 집에서 고기를 먹었다. 아빠가 아까 전

에 컴퓨터로 〈천국의 계단〉이라는 드라마를 보게 해 달라고 해서 볼 수 있게 해 줬는데 어떻게 보냐고 물어봤다. 캐쉬 충전을 해야 한다고 했는데 아빠가 옆에 있는 공짜 보기를 눌렀는데 이상한 것이 떴다. 아빠는 엄마한테 캐쉬해 달라고 하고 나한테는 계속 수도 없이 이거저거 해 달라고 해서 아빠가 그 드라마를 보았다.

다 보고 밥을 먹을려고 하는데 머리가 약간 아팠다. 엄마는 누나를 데리러 원주에 갔다가 8시 10분에 와서 허겁지겁 밥을 차렸다. 아빠가 나한테 왜 밥을 안 먹고 화를 내냐고 해서 갑자기 울컥 했다. 그래서 내가 눈물을 흘렸다. 아빠한테 말을 할려고 하는데 아빠가 쌈을 싸는 걸 나한테 던졌다. 또 굵은 막대기를 가지고 뒤통수를 때리고 큰 손바닥 가지고 내 왼쪽 뺨, 귀를 때렸다.

왜 때리나? 엄마는 울면서 아빠를 붙잡고 누나는 울면서 보고 나는 울면서 맞고. 내가 맞은 이유는 말대꾸해서다. 그래서 밥도 못 먹고 엄마는 울면서 아빠가 친 콜라를 닦고는 앉아서 우셨다. 아빠가 한 번만 말대꾸하면 새끼 하나 없다 치고 밖으로 던져 죽인다고 했다. 그리고 밥상 들고 오라고 하고, 엄마는 밥맛이 떨어졌다며 울었.

뭐지? 단지 순식간에 일어난 이 일은? 엄마는 아빠가 잠깐 나간 사이 치킨을 사 주셨다. 내가 얼굴 문지르다 소파에 계란 노른자가 떨어졌는데 드라이 맡기면 된다고 했다. 나는 엄마한테 계속 미안해서 울었다.

참으로 어른답지 못한 어른이 많다. 아직도 집안에서는 남자의 권위, 아버지의 권위는 절대적이다. 침범할 수 없는 권력을 가진 강자다. 어머니는 큰아이 챙기느라 먼 데를 다녀와서도 오자마자 식구들을 위해 허겁지겁 밥상을 차려야 한다. 집안에는 남자 어른이 있지만 밥은 여자 몫이다. 남자 어른은 느긋하게 텔레비전을 보고 늦더라도 차려 주는 밥상을 기다렸다가 먹으면 되는 사람이다. 집안에서 할 줄 아는 게 별로 없는 남자 어른은 보고 싶은 드라마도 제대로 챙겨 보지 못해서 남의 도움을 받아야 한다. 배도 고프고 드라마도 쉽게 나오지 않아 짜증이 났다. 다른 식구들 처지를 생각할 마음의 여유는 눈곱만큼도 없다. 그저 가장으로 군림할 뿐이다. 밥상머리에서 상을 뒤엎고 말대꾸한다고 자식을 패고 밖으로 던져 죽이겠다고 협박을 한다. 여자 어른은 그저 엎어진 상을 치우고 눈물을 흘릴 뿐 대항할 꿈조차 꾸지 못한다. 엄마가 불쌍하고 아버지가 밉다. 아버지 앞에서는 입도 뻥긋 못하는 분위기에서 본준이는 자유롭게 제 생각을 펼쳐 나가고 당당하고 살아가는 꿈을 꿀 수 있을까?

누구보다 잘하고 싶은 건, 바로 '나'다

상담 선생님 | 진용주

　오늘 나는 상담 선생님을 만나러 갔다. 나는 그때 상담 선생님과 상담했던 곳으로 갔다. 선생님이 계셨다. 또 지루한 그림을 그리기 시작했다. 나는 싫다고 했다. 상담 선생님이

"용주는 뭘 하고 싶어?"
"저는 상담이 뭘 물어봐서 그 문제를 해결해 주는 거라고 생각했거든요."
"그럼 선생님이 자꾸 물어봐서 그 문제를 해결해야 되나요?"
"아니요."
선생님은 나에게 종이를 주었다. 게임에 대해서 최고로 많이 한 시간을 말하는 거였다. 나는 보통은 하루 세 시간 최고는 다섯 시간이라고 선생님께 말하였다.
"선생님, 이제 뭘 할 거예요?"
"이번엔 그림이야. 용주 몸이 어떻게 생겼는지 보고 싶어."
나는 핏줄 찍~ 찍, 심장, 입, 눈썹 등등을 그렸다. 선생님은
"괴상한 걸 그렸구나."
"그런가요? 저는 괜찮은 거 같은데요."
나도 보니 이상한 느낌이 들었다. 온몸이 빨간색이었기 때문이다. 꼭 피를 흘리는 듯한 느낌이었다.
"저, 언제 가요? 3시가 다 됐는데."
"하나만 약속하자."
"뭔데요?"
"용주가 더 행복해질 수 있는 방법을 찾아요."
"네."

고치고 싶은 마음 | 진용주

내가 고치고 싶은 것은 컴퓨터 중독에 빠지지 않고 평범하게 사는 거다. 나는 항상 컴퓨터 시간을 어기기 때문에 고치고 싶은 마음이 굴뚝같다. 노력을 해도 안 된다. 공부 생각을 해 본 적도 있지만 지루해서 그만뒀다. 머리가 돌아 버리는 것 같다. 평범하게 사는 건 무리인 것 같다. 내가 잘못을 알아도 고칠 수가 없다. 아침에 쓰는 일기도 여전하고. 다시 한 번만 더 노력해야겠다.

하루에 세 시간에서 다섯 시간까지 컴퓨터 게임에 빠져 있는 용주. 밤늦도록, 어느 날은 동틀 무렵 지칠 때까지 컴퓨터 앞에 앉아 있어도 아무도 뭐라 하지 않는다. 아버지는 안 계시고 엄마는 일 마치고 아직 들어오지 않은 그 숱한 날들을 메워 줄 수 있는 건 컴퓨터뿐이다. 잠이 모자라 학교에 가면 늘 멍해 있다. 선생님과 눈을 맞출 수도 없고, 공부 내용은 하나도 들어오지 않는다. 금방 무슨 이야기를 들은 것 같은데 그게 무슨 말이었는지 떠오르지 않는다. 동무들도 이 아이들을 피한다. 노는 시간이면 동무들과 좀 놀고 싶은데 어울리는 방법도 모르겠다. 그래서 만만하다 싶은 동무를 툭툭 치고 매달리고 건드려 본다. 그러면 동무는 짜증만 내고 선생님한테 이른다. 어느 날 둘러보니 학교에 와서도 함께 놀 친구가 없다. 왕따가 된 기분이다. 몸도 마음도 늘 피곤하다. 아이들은 이런 생활에서 빠져나올 수 있을까? 희망은 있는 걸까?

기말고사 | 구본준

오늘 엄마가 몇 년 만에 나한테 기말고사 날짜를 물어봤다. 처음인가? 하여튼 몇 년? 처음이다. 10일, 11일이라고 말을 했는데
"다음 주네. 총정리 좀 풀어라."
라고 했다.
 '엥? 엄마가 이런 말도 하네. 처음으로…….'
한번 공부를 해 보겠다.

엄마는 골프 치는 누나 뒷바라지로 전국을 다니느라 바쁘다. 외국에도 자주 나간다. 아버지는 사업하느라 바쁘다. 본준이는 학교 마치면 태권도 학원, 영어 학원, 속셈 학원을 다니며 시간을 보내고 식당을 하는 친척집에 가서 저녁을 먹는다. 집에 들어와 혼자 자는 때도 많다. 엄마 아빠는 누나한테만 관심이 있는 것 같다. 그런데 처음으로 엄마가 시험이 언제냐며 본준이 공부에 관심을 보인다. 늘 시험 성적이 형편없었는데 이번에는 공부 좀 해 봐야겠다고 마음먹는다. 하지만 엄마는 결국 시험 때까지 총정리 사 주는 걸 깜박했다. 그래도 시험은 잘 보고 싶다. 엄마의 관심은 너무 짧았다. 대체 부모는 무엇을 위해 그리도 분주하게 살고, 아이는 그런 부모 밑에서 어떻게 살아가야 하나. 이따금 분노 조절이 안 되는 게 문제지만 그래도 본준이는 태권도 하나만은 열심히 한다. 싸움도 잘한다.

마음 깊은 곳의 이야기를 끄집어내다

아이들 마음속 깊이 또아리를 틀고 있던 아우성이 일기장을 통해 터져 나왔다. 엄마 아빠한테 거침없이 욕을 쓰는 아이, 늘 동무에게 당하고만 살던 아이가 계속 괴롭히면 죽여 버리겠다고 쓴 글, 억지로 공부시키는 부모 때문에 엄청난 고통을 당하는 아이, 부모님 사이가 좋지 않아 불안해 하며 숨죽인 채 지켜봐 온 이야기……. 아이들이 생생하게 일기장에 쏟아 놓은 이야기는 모두 정직한 글쓰기, 솔직한 글쓰기, 위험한 글쓰기의 전형이다. 그만큼 아이들은 마음 깊은 곳에 쟁여 둔 이야기들을 어렵게 끄집어내었다.

아이들 글을 물끄러미 바라보다 이대로 그냥 두었다간 안 되겠다 싶었다. 어렵게 꺼낸 이야기들을 공책 속에만 남겨 두기에는 안타까운 마음이 앞섰다. 글로 자신의 모습을 들여다본 아이들에게는 한 발짝 더 다가갈 무언가가 필요했다. 아이들 가슴속에 꽉 들어찬 화를 비집고 들어가 분출하게 할 무엇인가가 필요했다.

그러던 어느 날, 글쓰기를 마치고 말로 풀어내는 시간을 가졌다.
"발표할 사람 없어요?"
뜻밖에도 엄마 아빠와 동생에게 말끝마다 욕을 쓴 원민이가 자기 글은 읽어도 된다고 손을 들었다.
"정말? 이 글 읽어도 괜찮겠어?"
아주 당당하게 그렇다고 했다. 거친 욕이 너무 많아 차마 쓴 대로 다 읽지 않고 군데군데 빼 가며 읽어 주었다. 글에 나타난 아이의 공격성은 평소에는 전혀 찾아볼 수 없는 모습이었다. 늘 밝고 명랑하고 또래보다 어른스럽고 씩씩해만 보이던 아이였다. 아이들은 원민이가 읽고 있는 글을 들으면서 여기저기서 키득거리며 웃고 손뼉 치고 때로는 감탄하기도 했다. 같이 통쾌해 하며 맞장구도 쳐주었다. 이런 아이들의 얼굴을 보니 아주 만족스런 표정들이었다.

"야, 원민이 저렇게 욕 잘하는 줄 몰랐는데."

심하다고 생각하는 듯하면서도 아이들은 시원해 했다. 원민이의 과감한 행동에 용기를 얻은 아이들이 하나 둘 손을 들기 시작했다. 자기 글도 읽어 달라는 것이다. 그렇게 글을 몇 편 더 읽었는데 이번에는 종호가 손을 딱 들더니

"선생님, 제 글은 제가 나가서 직접 읽을 게요."

하는 거다. 종호가 일기장에 다 쓰지 못했던 영어학원 선생님에게 하고 싶은 얘기를 다시 쓴 글이었다. 종호는 마치 선생님이 앞에 서 있기라도 하듯 싸우는 것처럼, 대들 듯이 한 손엔 공책을 들고 한 손은 휘저으면서 그렇게 자신의 솔직한 감정을 실어 읽어 나갔다. 읽어 나가는 아이 얼굴이 벌겋게 달아올랐다. 목소리는 격앙되어 있었다.

'얼마나 억울하고 맺힌 게 많았으면 저럴까.'

아이들은 소리를 지르며 손뼉을 쳐주었다.

또 이렇게 한 사람이 먼저 나서니 너도 나도 자기 글은 자기가 읽겠단다. 엄마한테, 아빠한테, 자기를 괴롭힌 친구한테 쓴 글을 큰 소리로 말하듯

이 읽어 나갔다. 내가 얼마나 힘든 줄 아냐고, 네가 나를 얼마나 괴롭힌 줄 아냐고, 제발 그만하라고, 아니면 가만두지 않겠다고. 그러더니 공책에 글로 다 못한 이야기, 지금 다시 생각난 이야기들을 그 자리에서 바로 덧붙여 말했다. 발표하는 데만 세 시간이 흘렀다.
점심시간 종소리가 났다. 아이들은 오늘 밥 안 먹어도 된다며 계속하고 싶어 했다.
"건강하고 씩씩한 우리 5학년 1반 여러분, 정말 고맙습니다. 자랑스럽습니다. 이렇게 여러분이 하기 힘든 이야기, 속상한 이야기, 마음에 묻어 둔 이야기를 솔직하게 쓰고 용기를 내어 앞에 나와 발표해 주어서 너무 고맙습니다. 병이 있으면, 상처가 있으면 진단을 하고 치료를 해야지요. 오늘 우리는 동무들의 상처가 무엇인지 서로 알게 되었고 동무들의 고민과 이해할 수 없는 행동을 할 수밖에 없었던 까닭들을 조금이나마 알게 되었습니다. 모두가 마음을 열고 동무들 마음을 이해하고 어루만져 주는 자리에 함께 하였습니다. 얼마나 귀하고 값진 일인지 모르겠습니다. 오늘 이 자리에서 발표한 글은 우리만 알고 있기로 약속했으면 합니다. 다른 사람들에게 말할 것 없지요. 우리끼리 충분히 하나가 되었고 가슴이 뻥 뚫리는 후련함을 맛본 귀한 자리, 우리들만의 값진 자리로 가져갔으면 좋겠습니다. 오늘 여러분을 보니 앞으로 어떤 어려움도 이겨 내고 자신을 사랑하며 씩씩하게 잘 살아 나갈 힘을 갖고 있는 걸 보았습니다. 대단합니다. 자 이제 밥 먹고 힘내서 또 열심히 공부해야지요."
아쉽게 마무리를 했다. 식당에서 밥을 먹으려고 줄을 서 있는 우리 반 아이들 얼굴이 다 벌겋다.

"선생님, 머리가 막 아파요."

"선생님, 다음에 또 발표해요."

"저 오늘 속이 다 후련했어요."

거짓으로 포장해 온 삶을 벗겨 버리고 억눌려 있던 진실을 끄집어낸 아이들, 짓눌려 온 감정을 밖으로 해방시킨 우리 아이들. 멋진 녀석들이다. 나 혼자 경험하기에는 아깝다는 생각이 들 정도다. 부모들도 우리 아이들의 이런 응어리를 풀어 주고 어루만져 주어야 하는데…….

여기까지 생각이 이르자 이제는 부모들과 문제를 풀어야겠다는 생각으로 옮아갔다. 부모들이 갖고 있는 문제를 함께 해결하지 않고는 근본 문제를 풀 수 없겠다고 결론을 내린 것이다. 부모들이 아이들 생각을 알아야 하고 아이들도 부모들이 어떤 마음으로 살아가는지 알아야 한다. 서로에 대한 이해가 필요한 것이다.

부모들을 이 난장에 참여시켜야겠다고 마음먹었다.

처음 쓰는 사람이 중요하다

부모에게 학교의 벽은 너무 높다

교육활동에 부모들의 목소리를 담아 내기에는 우리네 교육 현실이 그리 녹록치 않다. 많은 부모들이 아이가 학교에서 어떻게 생활하는지 궁금해 하지만 참여할 방법이 마땅치 않다.(어머니회나 학부모회가 있긴 하지만 자발적으로 꾸린 건강한 모임이 아니라 학교의 필요에 따라 형식적, 의무적으로 꾸린 게 대부분인 까닭이다.) 제대로 꾸려진 학부모 모임이 없다 보니 사는 동네(주로 아파트가 모여 있는)를 중심으로 근거 없는 소문이 떠돌기도 하고, 소문이 사실로 둔갑하여 학교와 교사에 대한 불신을 키워 나가기도 한다.

그나마 1년에 한 번 부모들이 학교에 공식 방문할 수 있는 날이 있다. 아이가 공부하는 모습을 볼 수 있는 '공개수업 날'이다. 그러나 이날 역시 교사나 학부모에게 학교 행사로 치러지는 형식적인 만남이 되기 쉽다.

한 시간쯤 아이가 공부하는 모습을 지켜보고 담임 교사와 짧게 간담회를 할 뿐이어서 깊이 있는 이야기를 주고받기는 힘들다.

그럼에도 이날만이라도 학교에 와서 자녀가 학교생활을 하는 모습을 보려는 부모들이 의외로 많다. 저학년일수록 참여하는 부모님들이 많고 고학년은 저학년에 견주어 그 수가 적지만 그래도 열 명은 넘는다. 사춘기를 맞이하는, 부모의 영향보다 친구관계가 더 깊어지는 고학년일수록 부모님들의 참여가 많아야 할 것 같은데 실상은 그렇지 않다.

부모들이 학교를 어려워하듯 교사들 역시 부모 대하기를 무척 어려워한다. 만나서 무슨 이야기를 해야 할지 모르겠다는 교사들도 많다. 학부모를 교육의 한 주체로 생각하여 적극적으로 교육활동에 참여시키는 다양한 논의나 구조가 빈약하다 보니, 필요하지만 불편한 관계로 자리 매겨져 있다.

이런 상태에서 누가 먼저 손을 내밀어야 할까? 답은 교사이다. 교사가 먼저 학부모에게 다가가야 한다고 믿는다. 교사로서의 권위 따위는 버리고 내 아이가 학교에서 만나는 또 다른 부모라는 인식을 갖게 하여 소통의 통로를 마련해야 한다. 전화하고 편지 쓰고 몸을 낮춰 부모님들에게 격의 없이 다가가 아이의 문제를 함께 풀어 나가야 한다.

우리 반에는 어머니랑만 사는 아이는 없어도 아버지와 사는 아이가 넷이나 된다. 아무래도 어머니보다는 아버지들에게 학교 문턱은 더 높아 보일 것이다. 이래저래 학부모 모임에 참여할 수 없는 부모들에게 '부모와 함께 쓰는 모둠 일기'는 나름대로 자신의 의견을 글로 나타내고 자녀의 교실을 들여다보며 교육 현장에 참여할 수 있는 또 다른 길이 될 수 있지 않을까 싶었다.

조심스레 보낸 모둠 일기 안내장
먼저 아이들에게 부모님들도 같이 일기를 쓰면 어떻겠느냐는 의견을 내 보였다. 그러자 아이들은 엄마 아빠가 자신들에게 날마다 일기 썼냐고 물어보시는데 부모님들도 같이 쓰면 자신들을 이해할 수 있을 거라며 좋아했다. 우리 부모님은 무슨 생각을 하는지, 어떤 글을 쓰실지 궁금하다고도 했다. 그렇게 부모님과 같이 쓰면 좋겠다며 한번 써 보자는 쪽으로 마음을 모았다. 물론 나는 처음부터 꼭 함께 해 보려는 생각으로 아이들 마음을 이끌었다. 아이들의 이해와 동의를 얻은 다음, 부모님들께 안내장을 보냈다. 안내장에는 우리 아이들이 활짝 웃고 찍은 단체 사진과 함께 예쁜 꽃그림도 곁들였다. 색한지에 복사를 하고 나서 봉투에 넣고는 부모님 한 분 한 분께 보냈다.

부모님과 함께 쓰는 모둠 일기

5월의 자연은 넘치도록 푸르고 향기롭습니다.
자연을 닮은 우리 아이들도 하루가 다르게 몸과 마음이 쑥쑥 여물어 가고 있습니다. 초등학교 5학년, 저마다 '난 나야!'를 외치며 자기 정체성을 찾아가는 때입니다. 그 목소리가 똑 부러지는 자기주장으로 들리기도 하고 때로는 버릇없는 10대의 외침으로 들리기도 하고 때로는 나를 알아달라는 몸부림으로 보이기도 합니다.

작년에 이어 올해도 한 교실에서 공부하게 된 우리 반은 동무들끼리는 물론 부모님들과도 서로 잘 아는 사이가 많습니다. 내, 남 할 것 없이 한 식구처럼 아이들을 챙겨 주는 부모님들을 보면 참 반갑고 고맙습니다. 이런 따뜻한 만남을 더 깊이 이어 가려고 모둠 일기를 씁니다. 부모님들은 우리 아이들의 생각을 헤아려 볼 수 있고 아이들은 부모님들의 마음을 읽고 보이는 모습만이 아닌 또 다른 모습으로 만나는 기회가 될 것 같아요.
다른 부모님들과 고민도 함께 나누고 자녀 교육에 대한 정보도 나눌 수 있는 자리가 되지 않을까 싶어요. 글 쓰는 일하고 오래 거리를

두고 살다가 새삼스레 글이란 걸 쓰려면 많은 부담이 되겠지만 그리 부담 갖지 않으셨으면 좋겠어요. 잘 쓰려 욕심내지 마시고요 생각나는 대로 연필 가는 대로 있는 그대로 그렇게 써 나가면 좋겠습니다. 우리 아이들이 날마다 쓰는 일기처럼요.

1. 모둠 동무들이 하루씩 돌아가면서 씁니다.(일주일에 한 번.)
2. 아이가 쓰는 날에는 부모님도 씁니다.(모둠 일기 쓰는 날엔 개인 일기장엔 쓰지 않습니다.)
3. 내용은 무엇이든 다 됩니다.(살아가는 이야기, 들려주는 이야기, 담임이나 아이에게 하고 싶은 이야기…….)
4. 형식은 자유롭게 연필 가는 대로 씁니다. (편지글, 시, 줄글…….)

– 함께 해 주셔서 고맙습니다 –

2008년 5월 6일

우리 반은 달마다 모둠을 바꿔 꾸린다. 모둠을 새로 짤 때 제비뽑기를 한다. 여자 남자 할 것 없이 모두 섞어 뽑기도 하고 어느 때는 남여 비율을 고려할 때도 있다. 같은 모둠이었던 아이들이 셋 이상이면 조절을 한다. 모두 여섯 모둠으로 다섯 사람인 모둠이 셋, 여섯 사람인 모둠이 셋이다. 똑같은 공책을 여섯 권 마련하여 모둠 이름을 쓰고 '모둠 일기'라는 표딱지를 붙였다. 그리고 공책 안쪽에 모둠 일기 안내 글을 붙여 놓았다.

처음 쓰는 사람이 중요하다

오래전 1학년을 맡았을 때도 부모님들과 모둠 일기를 쓴 적이 있다. 그 많은 아이들 틈바구니에서도 내 새끼만 보인다고 하니, 첫아이를 학교에 보낸 부모의 마음은 짐작할 수 있을 것이다. 눈에 넣어도 아프지 않을 내 새끼가 학교에 들어간 것만으로도 그저 기특하고 대견스러운데, 잘 적응하기를 바라는 마음은 더욱 간절할 것이다. 그리하여 처음 해 보는 학부모 노릇에도, 학교 행사에도 적극 참여하신다. 담임교사가 함께 해 보자고 제안한 모둠 일기 쓰기에도 열심히 임해 주셨다.

당시를 돌이켜 보니 처음 쓰는 사람이 방향을 어떻게 잡느냐에 따라 그 모둠의 글 흐름이 정해지는 듯했다. 처음 시작하는 부모님이 아이에 대한 바람을 편지 형식으로 쓰면, 그 다음에 쓰는 분들도 앞의 분과 엇비슷하게 썼고, 살아가는 이야기를 처음으로 쓴 모둠은 또 그렇게 비슷한 형식으로 이어졌다. 그러기에 처음 쓰는 분들이 모둠 일기 쓰는 취지를 올바로 이해한 분들이면 좋겠다 싶어 아이들에게 설명을 하고 첫 번째로 쓰고 싶은 사람을 지원 받았다. 그리고 나머지 아이들도 차례를 정하여 일기장 안쪽에 적으라 하였다.

준비를 마치고 나니 가슴이 설레었다.

'아, 이제 내일이면 여섯 편의 부모님 글을 받아볼 수 있겠지? 아냐, 못 쓴 분도 있을 거야. 그래, 한두 분이라도 참여해 주신다면 그것으로도 괜찮은 거야.'

부모님들의 반응이 무척이나 궁금했다. 다음 날이 기다려졌다.

2 장

부모와 함께 쓴 모둠 일기

모둠 일기장에 담긴 열세 가지 이야기

부모에게도 어린 시절이 있었다 | 어른으로 살아간다는 건 | 내 아이의 교실로 들어가기 | 아이들 마음 헤아리기 | 온 식구가 함께 쓰는 모둠 일기 | 사회참여, 비판의식도 담아 | 여럿이 함께 고민을 나누다 | 세상에 남겨진 마지막 일기 | 우리 식구가 달라졌어요 | 고달픈 하루를 마치고 쓰는 일기 | 이따금 담기는 교사에게 말 못한 고민들 | 내 아이의 또 다른 모습 | 부모들이 살아온 이야기

일기 쓰기를 가로막는 것들

일기 쓰기가 부담스러운 부모 | 일기 쓴 부모를 부러워하는 아이들 | 공포의 모둠 일기에 중독되다 | 모둠 일기의 맛을 알아 가다

모둠 일기장에 담긴 열세 가지 이야기

책상에는 아이들 일기장과 모둠 일기장이 따로 놓여 있었다. 한 권, 두 권…… 여섯 권! 모두 들어왔다. 한 권을 펼쳐 보았다.
'아, 쓰셨구나!'
나머지 일기장도 모두 낯선 어른들의 글씨로 가득 차 있었다. 대충 눈으로만 훑고는 덮어 버렸다. 조용히, 누구의 방해도 받지 않는 곳에서 집중하여 읽고 싶은 마음에서였다. 이렇게 나는 아침마다 부모들이 써 보내 주신 모둠 일기를 읽을 생각에 부풀어 일찍 학교에 갔고, 조용한 이른 시간이나 아이들 전담 시간을 빌어 교실 옆 옥상에 올라가 부모들이 쓴 일기에 답장을 썼다.

부모에게도 어린 시절이 있었다
요즘은 어른이고 아이고 바쁘지 않은 사람이 없다. 모두들 무엇을 위해 그리 바빠 살아야 하는지 모르겠다. 바쁜 직장생활 탓도 있지만 언제부터인가 아이와 살갑게 이야기하는 시간이 사라진 것 같다. 내 아들이나 딸에게 학교생활이나 둘레의 일들에 대해 물어본 게 언제였던가 기억도 가물가물한 부모들도 많다. 아이가 쓴 일기장을 처음 접해 본 부모들은 '아, 우리 아이가 이런 생각을 하며 이렇게 지내고 있었구나' '내 어렸을 때하고 많이 다르네' 생각하며 불쑥 내밀어진 일기 공책을 들여다본다. 자녀의 일기를 보며, 잠시 옛날로 돌아가 자신의 어린 시절을 떠올리며, 이제는 아비, 어미가 된 자신의 어린 시절 이야기를 들려준다.

석민이 소풍 간다고, 좋겠네. 아빠도 옛날 생각이 나네. 할머니가 싸 주시던 김밥에 사이다 한 병의 추억! 요즘은 먹을 것이 많지만 그 전에는 살기 어려운 집이 많았단다. 소풍 가는 날이면 많이 흥분되었지. 무엇을 해 주실까 하고. 막상 소풍을 가 보면 다른 친구들도 별 차이가 없었단다. 음식의 종류가 거의 같았다는 거야.
하지만 요즘은 많이 다르잖아, 그치? 석민이도 피자, 햄버거 좋아하잖아. 아빠는 별로지만. 아무튼 소풍 간다고 좋아하는 석민이가 보기 좋단다. 아빠 보고 필요한 것 사 달라고도 할 줄 알고……. 친구들과 재미있게 지내다가 와라. 비가 오지 않도록 아빠가 기도해 줄게. 그러면 비가 오지 않을지 모르지.
요즘 축구 좀 적게 한다며? 다행이야. 친구들과 쾌활하게 지내라. 아빠는 항상 석민이가 즐겁게 지내기를 바라고 있잖니. 소심한 아들이 아닌 호탕한 아들이 되길 바란단다. 소풍 잘 다녀와. 차 타고 가면서 차 안에서 노래도 한 곡 하여라. 아빠가~.

(5월 18일, 석민 아버지)

석민이가 가지고 온 일터 체험 보고서를 보고 '아, 참 석민 아빠가 자상한 분이구나' 했습니다. 물론 석민 아빠가 쓰신 두 번의 모둠 일기를 보면서도 그런 생각이 들었지만요. 환상의 날씨 덕분에 즐거운 소풍이 되었답니다. 이날은 학원 가지 말라 하셨겠죠? - 주꼬마-

석민 아빠의 소풍 얘기에 저도 초등학교 6학년 수학여행이 문득 떠오르네요. 아주 가난한 집안의 장녀로 태어나 할 수 있는 것이 많지 않았던 시절, 수학여행 간다고 하니 아버지가 큰맘으로 청바지와 점퍼를 사 주셨는데 오래오래 입으라고 25Kg 나가는 몸에 허리 29사이즈 바지에 점퍼는 소매를 몇 번을 접어야 입을 수 있는 큰 옷을 사 주셨지요. 친구들이 참 많이 놀렸는데……. 지금도 그 사진을 들춰 보면 가슴 한쪽이 뭉클하답니다. 요즘 애들은 정말 축복 받은 애들인 것 같아요. - 연주 엄마-

승현이가 소풍을 간다기에 운동화를 보니 많이 낡았다. 유독 운동화를 험하게 신으니 얼마 못 가 떨어진다. 소풍 핑계 삼아 운동화를 사 주기로 했다. 이것저것 고르다 보니 문득 나의 어린 시절이 생각났다. 어릴 적 시골에서는 무슨 때가 되어야지 옷이나 운동화 같은 것을 사 주시곤 했지. 요즘 애들은 물건이 너무 흔하니 귀한 줄 모르고 함부로 하는 경향이 있다. 소풍날 운동화라도 하나 받으면 며칠을 잠도 못 잤다. 빨리 소풍날 신고 싶어서. 애들의 들뜨는 그 마음은 옛날이나 지금이나 변함이 없는 것 같다. 승현이도 무척 좋아했다. 새 운동화 신고 소풍 가서 재밌게 놀다 와라.

(5월 17일, 승현 엄마)

아, 봤어요! 소풍 가려고 줄을 섰는데 유난히 승현이 신발이 눈에 들어오더라구요. 새 신발이어서 그랬나 봅니다. 어머니 바람대로 새 운동화 신고 즐겁게 다닌 소풍날이었어요. 차 안에서 맨 뒤에 앉아 너무 떠들어 이름 불릴 정도로 즐겁게요. - 주꼬마-

어른으로 살아간다는 건

원하든 원하지 않든 사람은 누구나 어른이 된다. 그리고 어느 순간 엄마가 되어 있고 아빠가 되어 있다. 가끔 누구의 무엇으로 정해진 채 살아가는 내 모습을 보며 내가 아닌 것 같은 생각에 낯설고 두려울 때가 있다. 이어지는 글은 그런 이야기다. 글을 쓴 재건 엄마는 두 아이가 있는데 셋째가 생겼다. 그 사실을 아이한테 말하지 않고 있다가 모둠 일기에 처음으로 털어놓기도 하셨다. 큰아이인 우리 반 재건이는 엄마의 마음을 받아들였고 우리 모두 함께 축하해 주었다.

어제 이사를 했다. 새로운 환경에서의 생활을 꿈꿔 본다. 새가 둥지를 튼 양 자기 자리라고 콕 박혀 있던 살림살이들이 엉성하게 나와 있는 걸 보니 모든 것들이 낡고 세월의 묵은 때를 덕지덕지 달고 있었다.
'그래, 나도 잊고 있었구나! 내 마음에, 내 머릿속에, 내 몸뚱어리에 얼마나 많은 묵은 때를 달고 있었는지를……'
꿈 많던 시절에 꿈을 행해 달려 보지도 못하고 결혼이란 걸 해 버린 나! 그리곤 엄마가 되어 버린 나! 이젠 꿈꿀 줄도, 꿈을 가져 볼 용기도 모두 잃어버린 채 욕심만을 키워 가며 살아가고 있다. 이 낡은 나의 살림살이들을 버릴 수 없듯이 묵은 때로 얼룩진 나의 생활도 이젠 버릴 수가 없다. 이게 책임감 내지는 의무감일까? 모르겠다. 남들이 보기엔 단순하고 초라해 보일지 모르는 내 삶이 나에게는 나름대로 많은 소중함과 가치를 지니고 있다. 내 아들, 딸이 잘 자라 주고 잘 성숙해 가는 모습을 보면서 세상의 모든 것을 얻은 것만큼 커다란 성취감과 보람, 그 뒤의 희망을 바라보게 된다. 그런데 언제부턴가 내 아이들의 눈을 똑바로 바라볼 수도, 아이들의 질문에 큰 소리로 대답할 수 없게 되었다. 우리 아이들에게 채워 주지 못하는 게 너무 많아서……. 엄마 아빠가 넘어지지 말고 계속 달렸어야 했는데 한 번 넘어지고 두 번 넘어지고 그래서 손잡고 같이 가던 아이들까지 주춤거리게 하고 있다. 내가 지금 아이들에게 바라는 게 있다면 항상 웃을 줄 알고 용기 잃지 않는 것. 나 또한 우리 아이들 모습을 보면서 희망의 끈을 놓지 않는다.

재건이 말대로 곧 장마가 온다는데 우리의 기분까지 축축해지는 건 아닌지 모르겠다. 여기저기 제자리를 찾지 못한 것들이 널브러져 있다. 내일까지는 정리를 마치고 활기차게 새 생활을 시작해야겠다. 학교하고 더욱 멀어져 아침이 힘들지만

"재건아 전보다 더 활기찬 모습으로 건강한 아침을 맞이하자. 우리도 조금 더 부지런해져 '아침형 인간'이 되어 보는 거야."

새로 이사한 이 집이 좋은 건 산새 소리를 하루 종일 들을 수 있다.

(6월 16일, 반투명 유리창 너머의 세상은 뿌옇기만 하다. 그런데 창을 열고 보니 새파란 하늘이 또 다른 세상이었다. 정수리가 따끈따끈해져 옴을 느끼며 나뭇가지 사이로 불어오는 바람을 맞는다. 재건 엄마)

몸도 무거우실 텐데 이사하느라 애쓰셨어요. 새 보금자리에서 재건이네 식구 행복하게 잘 사세요. 태어날 새 생명을 이사한 집에서 맞이하시겠네요. 복된 자리인가 봐요. 학교가 멀어 힘들지 않을까 염려스러워요. - 주꼬마 -

내 아이의 교실로 들어가기

다빈이 아버지는 다빈이가 학교에 잘 다니고 있으니 아무 문제가 없으려

니 하면서 학교 일에서 한발 비껴 나 있었다. 주말에만 볼 수 있는 딸과 아들이지만 겉으로 보기에는 잘 자라고 있는 듯했다. 아마도 아이들이 건강하게 학교에 잘 다니고 있으니 그만하면 됐다고 생각하셨을 것이다. 아버지로서 해 줄 수 있는 일은 그저 열심히 일해서 돈 벌어 아이들 뒷받침만 해 주면 된다고 생각하는 우리네 평범한 아버지들의 모습이다. 그런데 아이가 가지고 온 모둠 일기를 보고는 이런 생각이 드신 모양이다.

'어?! 요즘 애들이 이런 생각을 하고 있단 말이야? 이러면 안 되는 거 아니야? 선생님은 대체 어떤 사람이길래 우리 애가 이런 생각을 하게 된 거지? 학교에선 대체 뭘 가르치는 거야?'

다빈이 아버지는 아이와 이야기를 나눠 보고 싶어 어렵게 자리를 만들고 조심스레 이야기를 꺼내 보았다. 그러나 생각 밖으로 말이 잘 통하지 않았다. 다빈이 일기에는 오랜만에 아빠랑 밖에서 저녁 먹으며 학교 이야기를 했는데 아빠가 자기를 이해 못하고 다빈이 역시 자신을 못 받아들이는 아빠를 이해할 수 없다고 쓰여 있었다. 다빈이 아버지는 뭔가 딸래미가 잘못 가고 있지 않나 하는 생각을 하신 모양이다. 그동안 아이를 너무 어리게만 보아 왔나 싶기도 하고 이러다간 딸과 점점 멀어지는 건 아닌가 싶어 염려도 하셨으리라. 어느 날엔가는 다빈이가 자기한테 관심이 있으면 일일교사를 신청해서 반 아이들에게 아버지가 잘하는 호신술을 가르쳐 달라고 했단다. 다빈이는 늘 떨어져 지내는 아빠가 자기와 같이 교실에서 단 하루 만이라도 같이 지내 달라고 부탁을 했다. 다빈이 아버지는 딸아이의 부탁을 받아들였다.

피곤한 나의, 달콤한 아침을 깨우는 자명종 소리. 일어나기 싫었다. 일어나기 싫어하는 나를 깨우는 다빈이의 환청.
'아빠 오늘 일일교사로 학교에 와야 돼요.'
너무 싫다. 어제 마신 술로 인한 나의 피곤함을 어떻게 달랠 수가 없다. 하지만 내가 가장 사랑하는 딸이 요구하는 일이라 부담감은 있지만 그래도…….
어쨌든 화창한 봄 햇살에 몸을 맡기고 경기도 광주에서 중부고속도로를 타고 영동고속도로를 갈아타며 어떻게 5학년 1반 친구들과 재미있는 시간을 보낼까 생각한다. 오랜 시간을 달려와 삼척에 도달해서 아버지가 다니셨고 또한 나, 딸 다빈이, 아들 민혁이가 다니는 나의 모교 정라초등학교에 도착했다. '도망가고 싶다' 하는 생각이 나의 용기를 시험한다. 가고 싶다. 눈감고 도망가고 싶다. 하지만 다시 한 번 마음을 다지고 용기를 냈다.
담임 선생님께 전화를 하고 막상 체육관에 도착했을 때 그 용기는 다시 풀 죽은 아이처럼 사라졌다. 하지만 힘을 냈다. 그러면 뭐해. 아이들의 신고식은 너무도 강했다. 떠드는 친구들, 딴 짓하는 친구들, 종잡을 수 없는 5학년 1반!
나도 1975년 5월 22일에 정라초등학교 5학년 1반이었는데……. 나도 그랬을까? 이런 마음을 뒤로 하고 열심히 낙법도 치고 호신술 시범도 보이고 할 거 안 할 거 다 하면서 5학년 1반 친구들을 유혹했다. 아니 친해지고자 노력했다. 하지만 헛수고. 두 시간의 시간이 어떻게 지났는지 모르겠다.

예전에 난 교사가 꿈이 아니었다. 아직도 가슴이 벌렁거린다. 어쨌든 오늘 하루는 너무 힘들었지만 소중한 하루였다. 내가 사랑하는 딸이 어떻게 생활하고 어떤 친구들과 뛰어노는지 알 수 있는 중요한 하루가 되었다. 다빈이가 초등학교 1학년일 때 급식조들이 모두 빠져서 혼자 갔을 때와는 또 다른 추억이 된 듯하다. 이런 기분을 언제까지 유지할 수 있을지 의문이다. 하지만 한 가지는 분명하다.

"다빈아, 이 세상에서 아빠는 그 누구보다도 너를 믿고 사랑한다."

(5월 22일, 화창한 삼척 장날! 다빈 아버지)

다빈 아빠!

정말 고맙고요 존경스럽습니다. 저는 이번 주에는 삼척에서 지내신다는 얘길 들었기에 그 먼 곳에서 일부러 오신 줄은 생각도 못해 봤습니다. 딸래미를 위해, 또 그 동무들을 위해 그렇게 값진 시간과 용기를 내주신거였군요. 힘드셨지요. 아이구~ 난 몰라. 하지만 귀한 경험이 되셨으리라 믿어요. 다빈이는 영원히 아빠의 자랑스런 모습을 기억하게 될 거고요, 아빠에 대한 믿음 또한 더 단단해졌으리라 믿어요. 우리 반 아이들에게도 귀한 선물 주고 가신 다빈 아빠, 건강하게 잘 지내세요. 만나 뵈어서 반가웠습니다. - 주꼬마 -

아이들 마음 헤아리기

시험 점수나 외모에 대한 이야기에 아이들은 민감하게 반응한다. 안 그래도 성적이 떨어져 속상해 죽겠는데 거기에 대고 한소리 덧붙인다면 아이들은 더 움츠러든다. 이럴 때 부모들이 아이 마음을 헤아려 주고 따뜻한 위로의 말을 건네준다면 우리 아이들이 힘을 내지 않을까? 집안에서 격의 없이 말하며 지내다 보니 부탁의 말이 잔소리로 되는 경우가 많다. 아이들은 으레 부모가 하는 잔소리로 받아들인다. 이런 때 말보다 글로 부모의 바람을 아이에게 들려주는 것도 좋은 방법이 아닐까.

> 문득 얼마 전에 너가 한 말이 생각난다. '환경이 바뀌면 공부도 더 잘 될 것 같다'며 네 방 분위기를 바꿔 줄 것을 바랬지. 너가 원하던 새 책상에 캐노피 모기장까지. 이제 레이스 커튼만 남았네. 어떠니? 요즘 기분이 많이 좋아졌니?
> 며칠 전 과학 단원 평가 시험 점수에 많이 속상해 했잖니? 집에 들어오는 너의 낯빛이 안 좋아서 학교에서 무슨 일 있었냐고 물어보는 엄마의 말에 한참을 망설이더니 울음 터뜨리며 펑펑 울던 너의 모습에 가슴이 짠했단다.
> 지금까지 엄마는 점수에 많이 민감하게 반응했지. 그로 인해 점수 땜에 야단맞을 걱정에 선생님 말씀, 친구들의 말에 속상함도 있었지만 쉽게 말문도 못 열고······. 그날 엄마가 너에게 해 준 말 기억나니? 오늘 너는 나무에서 떨어진 날이야. 이것을 자극제로 삼아 좀

더 발전하는 가현이가 되었음 좋겠다고. 또 선생님께서 하신 말씀의 의미도 이젠 이해가 되었겠지?

그건 그렇고 지난주까지 열심히 하던 운동이 요즘 들어 조금 소홀해진 것 같지 않니? 엄마가 시현이의 홀쭉해진 모습에 살이 빠졌다고 한마디 하면 '나 있는 데서 그런 말 하지 말아요. 기분 나빠요'라며 방으로 들어가 버리는 너 앞에서 엄마는 요즘 말 한마디 한마디가 얼마나 조심스러운지 모르겠다.

지난번에 '너 사춘기냐'고 물어보기도 했지. 그랬더니 넌 짜증 난 말투로 '아니거든요'라고 말했지. 시현이가 너의 경쟁 상대이기 전에 쌍둥이 자매라는 걸 잊지 말았으면 좋겠다. 형제자매 간에 우정도 중요시하는 가현이가 되었음 하고 특히나 인정이 많은 가현이가 되도록 노력해 줄 수 있겠니? 오늘도 모둠 일기에는 너에 대한 바람으로 끝나네.

참, 가현아, 너 그거 아니? 지환이가 큰누나가 많이 무섭다더라. 무서운 누나보단 친근하고 벗이 되어 줄 수 있는 누나가 낫지 않을까? 어제 지환이의 자는 모습 보며 참 귀여운 녀석이라며 니가 말했잖니. 그때 그 마음처럼만 동생 아껴 주면 좋겠는데……. 잘할 수 있을 거야. 그치?

(6월 2일, 6월이 시작되는 첫째 주. 가현 엄마)

> 가현이가 과학 평가한 것 때문에 집에서 그렇게 울었군요. 전혀 내색하지 않길래 그리 마음 아파한 줄은 몰랐네요. 많이 속상했나 보네요. 스스로 알아서 해 나가겠지요? 가현이의 현명한 판단을 믿어요. 잘해 나가겠죠. 행여 그렇지 않으면 또 어떤가요, 뭐! - 주꼬마-

온 식구가 함께 쓰는 모둠 일기

부모님이 쓰는 모둠 일기였는데 온 식구가 함께 쓰는 집도 있었다. 오빠가 모둠 일기 쓰는 날에 여동생이 쓰는 집도 있었고 승현이, 호준이는 할머니가 불러주는 말씀을 받아 적어 오기도 했다. 영채네도 엄마에 이어 형이 쓰더니 나중엔 아버지도 쓰셨다. 엄마, 아빠가 번갈아 쓰는 집이 가장 많았는데 흥미로운 것은 어느 집은 내리 엄마가 쓰다가 아빠를 참여시키는 집이 있는가 하면 늘 아빠가 쓰다가 가끔 한 번씩 엄마가 쓰는 집안도 있었다. 이렇듯 집집마다 처음엔 쓰는 사람만 쓰더니 시간이 흐를수록 다른 식구들의 참여가 늘었다. 식구들의 참여가 늘면서 서로를 더 깊이 이해하게 되고 함께 나눌 수 있는 이야깃거리가 늘어나게 되었다.

    영채야!
    형이야. 이렇게 너한테 편지를 쓰는 것도 처음인 것 같다.
    화사했던 벚꽃도 잎이 떨어진 지 오래됐고 이제는 무더운 태양빛이 내리쬐고 있어. 형이 중학생이 되고 나서 계절은 6번이나 변했고 너도 이제는 5학년이 됐구나.

형이 이렇게 너에게 글을 쓰는 건 너에게 그동안 하지 못했던 말을 그저 글로써 몇 자 끄적거려 보려고 해. 형이 중학생이 된 지 이제 1년이 조금 더 되지만 그동안 많은 것을 생각하고 보고 느끼고 한 것 같아. 짧다면 짧은 시간이 되겠지만 너에게 해 주고픈 말은 많이 생긴 것 같아.

형이 영채에게 해 주고 싶은 말은……. 영채가 지금보다 그림 더 열심히 그리고 책도 많이 읽으라고 말해 주고 싶어. 형은 책을 별로 좋아하지 않아서 어렸을 때부터 책을 많이 읽지 않았는데 그래서인지 글쓰기나 국어 과목이 그렇게 쉽지만은 않아. 그런데 영채는 책을 좋아도 하고 많이 읽어서인지 글쓰기도 잘하는 것 같아서 나와는 좀 다르구나 생각도 했고 또 글 잘 쓰는 동생이 뿌듯하기도 했어. 책을 많이 읽으면 언젠가 영채에게 꼭 큰 힘이 되어 줄 거야.

영채야! 형이 책보다도 더 해 주고 싶은 말은 영채가 정말 그림을 열심히 그려서 꼭 멋진 예술가가 되었으면 하는 거야. 형은 공부를 하면서 가장 느끼는 것이 "아 나도 내가 좋아하는 걸 할 수 있다면……." 하는 거야. 이게 무슨 말이냐고? 그게 그러니깐 영채는 그림을 잘 그리고 좋아도 해서 자기가 좋아하는 일을 할 수 있겠구나 하는 거야. 목표의식 없이 그냥 시켜서 공부하는 형보단, 좋아하는 일을 하는 영채가 백배는 훌륭하다는 말이야. 형도 언젠가 좋아하는 일이 생기면 그 일을 꼭 하고 싶어. 영채가 그림을 그리는 것처럼 말이야.

사랑하는 동생아! 요즘 너도 여러 학원에, 숙제에 형 옛날 모습을 보는 것 같아 한편으론 안쓰럽고, 또 형처럼 목표가 사라질까 하는 마음에 두렵기도 하고 계속 공부만 시키려는 엄마가 밉기도 하고 그렇다. 공부라는 체중계에 영채를 달아 보지 않았으면 하는데……. 영채는 그림도 그리고 책도 많이 읽고 또 열심히 뛰어놀았으면 좋겠어. 영채가 중학생이 되면 아마 지금보다 공부도 더 많이 해야 할 거고 그림 그리는 시간, 책 읽는 시간도 많이 줄어들 거야. 영채는 공부를 덜 하더라도 그림과 책을 포기하지 않았으면 좋겠어. 왜냐하면 세상에서 제일 중요한 것은 공부가 아니라 따뜻한 사랑이거든. 공부만 해서 사람 마음이 차갑게 얼어 버릴 바에야 영채처럼 좋아하는 일도 하고 마음이 따뜻한 사람이 더 훌륭할 것 같아. 그런 거에 비해 형은 마음이 점점 차가워지는 것 같기도 하고…….

아무튼 영채야! 형이 요즘은 시험 기간이라 이렇게 글 쓰는 시간도 부족하지만 시험 끝나고 오랜만에 농구 한판 하러 가자. 형제끼리의 우정을 쌓으러 말이야. 앞으로도 서로 아끼고 사랑하는 형제가 되길 원하며 이만 펜을 놓는다.

〈6월 15일, 뜨거운 여름 햇살 같은 형이 영채에게〉

사회참여, 비판의식도 담아

2008년 5, 6월에는 광우병 쇠고기 수입 문제와 한미 FTA 문제가 온 나라를 뜨겁게 달구었다. 청소년들로부터 시작된 촛불집회는 모든 국민의 관심거리가 되었고 시대를 읽는 열쇠말로 자리 잡았다. 우리 아이들도 광우병 쇠고기 문제에 대해 자기 나름의 생각을 일기에 쓰기도 하고 내게 물어 오기도 했다. 나는 같이 토론을 하기도 하고 자료를 보여 주며 이야기를 나누기도 했다. 우리 반 교실 복도에는 광우병 쇠고기 수입에 반대하는 작은 펼침막을 걸어 놓기도 했고 집회에 다녀온 이야기를 들려주기도 했다. 아이들은 더 많은 것을 알고 싶어 했고, 내가 알려 주는 것만으로는 성이 차지 않은 아이들은 스스로 인터넷에서 자료를 찾아보기도 했다. 서해안 기름 유출 사건, 국회의원 선거, 대통령 선거 같은 중요한 사회적 초점이 되는 일이 있을 때마다 아이들은 자기 나름의 생각을 글로 쓰기도 하고 말로 물어 오곤 했다. 이때 '너희들은 아직 어려서 몰라도 돼. 공부나 열심히 해'와 같은 태도가 아니라 올바른 민주시민으로 커 갈수 있도록 사회정의, 비판의식을 일깨워 줘야 한다. 이러한 태도는 부모나 교사 모두에게 필요하다.

> 소현이의 일기처럼 이 땅과 우리 집 사람들의 관심사는 촛불집회이다. 왜 이 나라가 어린아이들마저 정치판에, 길거리에 나가게 되었는지 걱정스럽다. 인터뷰를 한 아이의 아빠가 한 말이 생각난다. '아이가 자라서 아빠는 그때 무얼 했나요?' 라고 물을 때 떳떳하게

대답할 수 있도록 현장에 와서 참석하게 되었다"라는. 글쎄, 난 무얼 하고 있는지? 그리고 무얼 해야 하는지?

내일은 삼척에서도 대학생들이 동참하는 촛불집회가 있다고 하니 소현이와 그 현장에 참여해 보는 것도 의미 있을 듯싶다. 우리의 손 안에 들고 있는 촛불처럼, 우리들 소원의 물결이 모든 사람들의 마음에 변화를 일으키기를 바라면서. 아이들이 살아갈 건강하고 밝은 미래를 위해 자리를 지켜야지!

(6월 10일, 소현 엄마)

> 정의롭고 용감한 소현이. 세상일에 관심이 많고 적극적인 소현이.
> 어제 촛불집회에서 내 옆에 앉아
> "선생님도 앞에 나가서 말하실 거예요?"
> "응."
> "제대로 잘 하세요."
> 으메~ 아이들 보기에 부끄럽지 않게. - 주꼬마 -

지금도 세계 곳곳은 총성 없는 경제 전쟁중이다. 매일 사람들이 죽거나 사고로 귀한 목숨을 잃기도 하지. 아침에 뉴스를 보니 오늘이 한국전쟁이 일어난 지 58년이 흘렀다는구나. 아직도 전쟁의 아픔은 남과 북이 깊은 상처로 남아 있다. 요즘 세대들이 6·25전쟁을 모른다는 건 어찌 보면 당연하지. 너희들은 굶주림, 반공, 방첩, 간첩의

단어조차 낯설 테니…….

엄마 아빠도 물론 전쟁을 겪어 보진 않았단다. 우리가 학교 다닐 때만 하더라도 반공, 통일, 승공 시간 등이 따로 있어서 지겹도록 글짓기, 포스터 그리기 등등 의미도 모를 교육을 많이도 받았단다. 엄마는 북한 사람들은 몸이 빨갛고 머리에 뿔이 나고 접촉만 해도 무슨 큰 병이 들어 곧 죽는 줄 알았지. 무서운 안보교육의 힘이었단다. 서로의 가슴에 총부리를 겨누고 강대국(미국, 러시아, 일본)의 힘의 논리에 남과 북은 가족의 생사를 모른 채 살아가는 이산가족들도 많단다. 그런 전쟁의 후유증, 숨겨진 의미, 남겨진 과제들도 너희들은 잘 알지 못한다. 지금은 남과 북의 왕래도 잦고 경제 협력도 많은 부분 이행되어 간다고 하던데 아직 우리가 넘어야 할 산도 많다.

며칠 전에는 남과 북이 서울에서 축구도 했지. 감동적이었다. 정치적인 해결 없이도 무조건 만났으면 하는 간절한 바람이다. 이제는 너희들이 북한 어린이들에게 먼저 손을 내밀고 따뜻한 밥 한 공기라도 나눠 먹어야 한다. 어른들의 이기심에 힘 없고 죄 없는 어린이들만 배고픔으로 죽어 가는 북한의 안타까운 현실에 가슴 아프고 화가 난다. 너희들이야 배고픔이 무엇인지 모르겠지만. 사실 이 글을 쓰고 있는 엄마도 막연히 추측만 할 뿐 앞서는 감정에 부끄럽구나.

유라가 할 일은 물건 아껴 쓰고 지금 풍족하게, 모든 걸 부족함 없이 가질 수 있다는 것에 감사하렴. 너희들 세대에는 분명 자유롭게 북한을 여행할 수 있겠지. 어쩌면 북한의 남자 친구와 결혼하는 친구들도 생겨나겠지. 무조건 희망의 나라였으면 좋겠다. 통일 비용이야 치르겠지만 빨리 통일이 되어야 미국이 우리나라를 함부로, 너무도 쉽게 힘으로 위협하진 않을 텐데……. 미친 소를 더는 먹지 않아도 되는 세상을 위해 오늘도 열심히 공부하는 거란다. 어려운 주문, 부탁이지만 가슴으로 받아들이렴.

(6월 25일, 유라 엄마)

좋은 글, 감사드립니다. 우리 아이들이 이 넘치도록 풍요로운 물질 세상, 자본이 으뜸인 세상에서 진정으로 소중한 가치가 무엇인지를 알고 살기를 바랄 뿐입니다. 컴퓨터, 엠피쓰리, 손전화 같은 것의 노예가 되지 않기를. - 주꼬마 -

여럿이 함께 고민을 나누다

아이가 손전화를 사 달라고 조른다. 다른 아이들이 갖고 다니는 게 부러운 게다. 부모는 전혀 사 줄 마음이 없지만 시시때때로 조르는 아이 때문에 골치가 아프다. 이 문제를 해결해 보려고 아이 엄마는 일기장에 딸을 설득하는 글을 썼다. 마침 같은 모둠의 어머니도 의견을 보태었다. 또래 아이들을 키우는 부모들의 고민은 크게 다르지 않다. 같은 문제로 고민하는 부모들이 서로 문제를 공유하여 해결 방법을 내놓는다. 얼굴도 모르는 부모들끼리 일기장 안에서 소통을 한 것이다. 아름다운 모습이었다.

엄마, 휴대폰! 돌아요 돌아 엄마가!
'휴대폰 사 주세요, 엄마!'
오늘도 학교에서 나보다 어린 친구가 휴대폰 가지고 있었다며 잊을 만하면……. 휴대폰 타령 한 달째. 엄마도 힘들다. 연주랑 휴대폰 때문에 싸우는 거. 휴대폰이 갖고 싶은 연주 맘 모르는 건 아니지만 너 말처럼 급한 일, 위험한 일 생각하면 해 주고 싶지.
그래도 안 돼요! 휴대폰을 사 주는 것이 문제가 아니란다. 한 달 사용할 휴대폰, 요즘 연주 나이에 맞지 않은 큰 금액인데 우리 딸이 돈의 가치를 알지 못하면 어쩌나. 그것이 휴대폰을 사 줄 수 없는 가장 큰 이유인 것 같다. 학교 끝나면 학원에서 널 지켜 줄 거고 끝나면 태권도에서 널 지켜 줄 거지. 전화하고 싶고 하고 싶은 말 있거든 마음속에 다 채워 두었다가 집에 도착하자마자 엄마한테 다 쏟아 놓는 것 어떨까? 약속! 다 들어 줄게 엄마가!
근데 정말 휴대폰을 갖고 싶다면 언니처럼 하는 건 어떨까? 언니는 엄마 아빠가 사 준 거 아니란다. 너 기억 안 나니? 용돈 모아 모아서 산 거잖아. 연주도 한번 해 보면 어때? 너가 모아서 산 거라면 더 애착이 가고 더 소중하게 다룰 것이고 돈의 소중함도 한번 느끼게 될 것이고. 이제 휴대폰 얘기 한참 뒤로 미루어 놓아두면 안 될까?

선생님! 안녕하세요. 어제 집안 행사로 노래방을 갔습니다. 연주 노래 솜씨에 갑자기 자랑이 하고 싶어지네요. 제가 연주 펜이 되었잖아요. 연주 노래 짱! 살찐 것에 의기소침해 있는 딸에게 너도 잘하는 것이 있다고 용기 주고 싶어서 몇 자 적었어요. 선생님도 용기 좀 주세요.

(5월 13일, 연주 엄마)

휴대폰, 쉽게 결정할 일이 아니지 싶어요. 남이 갖고 있기 때문에 나도 가져야 하는 건 아니지요. 저는 제 아이에게 중·고등학교 지난 뒤에나 생각해 볼 것 같아요. 연주, 학교생활 열심히 잘하고 있어요. 발표 잘하고 공부 시간에 집중력도 좋아요. - 주꼬마 -

연주 어머님! 저는 채은 엄마예요. 안녕하세요. 휴대폰 정말 문제가 있는 것 같아요. 게임은 말하나 마나구요, 요즘 중·고등학생들이 휴대폰으로 뭐하는 줄 아세요? 끝말잇기해요. 참 어찌된 건지……. 물론 모두 그런 건 아니지만 끝말잇기는 좀 충격이었어요. 스스로 컨트롤 할 수 있는 나이가 되었을 때 사 주는 게 좋지 않을까 생각해요. 저도 그럴 생각이랍니다. 그때가 언제가 될는지……. - 채은 엄마 -

세상에 남겨진 마지막 일기

아침부터 호준이가 일기장을 내 책상에 올려놓고는 내 눈이랑 마주쳐 보이고 다시 가져가서 보고 다시 또 내고 한다. 호준이가 가지고 온 일기를 펼쳐 보았다.

오늘 처음 아빠가 모둠 일기를 써 주셨다. 아빠가 써 주신 걸 보니깐 눈물이 났다. 일기에서 끝나는 부분에 '건강하고 씩씩하게 자라다오. 아들, 사랑한다'는 부분을 읽고 감동을 먹었다. 역시 우리 아빠는 날 감동을 먹게 한다. 이 세상에서 아빠가 제일 좋다.
아빠의 첫 번째 모둠 일기다. 아빠가 내 차례가 되면 매일 써 주시면 좋겠다.

(5월 20일, 이호준)

매일 야근, 모처럼 일찍 퇴근을 했다. 오늘 따라 아들도 학교에서 일찍 왔다. 아들 얼굴을 보니 마음이 찡했다. 엄마 없이 잘 자라 준 우리 아들, 참 대견스럽고 장해 보였다. 아빠로서 특별히 해 준 것도 없어 마음 한구석이 아파 왔다.
언제나 밝고 씩씩한 우리 아들. 앞으로 아빠가 좀 더 노력하는 모습으로 살아갈게. 건강하고 씩씩하게 자라다오.
"아들, 사랑한다."

(5월 20일 맑음, 호준 아버지)

호준이는 아빠랑 둘이 살았다. 같은 아파트에 할머니 집도 있어서 아빠

가 늦게 들어오시는 날엔 할머니 집에서 밥을 먹기도 하고 숙제를 하기도 한다. 그래도 호준이는 할머니 집에서 지내는 것보다 아빠랑 같이 지내는 걸 더 좋아했다. 호준 아빠는 아들이 학교 축구부에 들어가 축구하고 학교 잘 다니는 걸 무척 대견스러워 하셨다. 그러면서도 아빠로서 자주 놀아 주지 못하고 함께 있어 주지 못해 늘 미안해 하셨다. 호준이가 내민 학교 숙제 같은 모둠 일기도 없는 시간을 쪼개어 정성껏 써 주셨다. 아빠가 써 준 모둠 일기를 호준인 얼마나 자랑스러워 했는지 모른다.

오늘도 퇴근은 늦었다. 집에 오니 아들은 할머니가 세탁해 놓으신 옷을 침대 위에 가지런히 정리해 놓았다. 아들은 축구를 너무 좋아한다. 늘 아빠는 걱정이다. 혹시 다치진 않을까. 까맣게 그을린 얼굴, 건강해 보여서 참 좋다. 호준아, 지금처럼 건강하게 자라다오. 호준아, 운동도 좋지만 선생님 말씀 잘 듣고 학업에 열중해라. 오늘도 아빠는 아들을 생각하면서 회사 일에 매진한다. 아들아 더운 날 건강 조심하자. 아빠 사랑 ♡ 호준!

(5월 28일 무더운 하루, 호준 아버지)

> 그저 묵묵히 자신의 일을 꾸준히 해 나가는 호준이랍니다. 늘 든든한 버팀목이 되어 주시는 아빠와 할머니가 곁에 계셔서 호준이 씩씩하게 잘 자랄 겁니다. - 주꼬마 -

아빠는 호준이 아침 인사를 받고 회사에 출근한다. 오늘도 아빠는 볼일 때문에 늦게 귀가했다. 집에 오니 호준이는 일기장만 책상 위에 올려놓고 할머니 집에 가고 없었다. 호준이와 같이 놀아 주지도 못한 아빠 마음이 괴롭다. 호준아, 현재는 힘들어도 나중에는 분명히 좋은 날이 오겠지. 그리고 요즘 운동하느라 힘들지? 밥 많이 먹고 할머니 말씀 잘 듣고 알지~ 사랑한다 호준아!

(6월 3일 비, 호준 아버지)

> 호준 아빠! 호준이가 아빠한테 뿔났어요. 같이 안 놀아 준다고요.
> 6월 2일인가, 호준이 일기장 한번 보세요. 화가 단단히 났더라구요.
> – 주꼬마 –

호준이는 늘 아빠와 같이 지내는 시간을 손꼽아 기다렸고 아빠 역시 호준이에 대한 지극한 사랑과 애틋함을 지니고 있었다. 이즈음에는 호준 아빠가 야근과 휴일 근무가 잦아 아들과 같이 보내는 시간이 적었다. 아빠 얼굴 보기가 하늘의 별 따기였다. 호준인 아빠가 바쁘게 일하느라 시간 내기 힘든 줄 알면서도 투정을 부리는 일기를 썼다. 같이 놀아 달라고, 아빠랑 같이 놀고 싶다고, 뭐 그렇게 바빠서 아들이랑 놀 시간도 못 내느냐고, 그럼 아빠 미워할 거라고. 아빠는 지금은 힘들어도 나중엔 좋은 날이 올 거라며 아들을 다독이는 일기를 썼다. 사흘 뒤, 아빠는 과로로 쓰러지셨다.

하늘에 계신 아빠께

아빠, 저 호준이에요. 아빠 떠나신 지 10일이 지났어요. 전 아빠가 보고 싶어요. 아빠한테 잘난 아들이라고 듣고 싶었는데 절 버리고 왜, 무슨 이유로 제 곁에서 떠나셨어요? 저의 많은 친구들이 저한테 편지를 썼어요. 편지를 읽으니까 아빠가 저랑 함께 한 일들이 생각나요. 아빠 너무 보고 싶어요. 아빠, 하늘에서 절 지켜보고 계시겠죠. 전 아빠가 돌아가신 게 믿어지지가 않아요. 하늘에서 저 많이 도와주세요. 제 마음속엔 아빠가 있습니다. 아빠, 보고 싶고 사랑해요.
(6월 16일, 맑고 더웠다. 아빠가 보고 싶다. 아빠 생각만 하면 눈물이 난다.)

갑작스레 호준이 아빠가 세상을 떠났다. 아빠 돌아가시고 일주일 동안 호준이 자리는 비어 있었다. 그 빈자리를 볼 때마다 호준 아빠의 글이 떠올랐다. 아들과 오래 같이 있어 주지 못해 늘 미안해 하던 아빠, 밤늦게까지 일하시던 분, 땀을 많이 흘려 소금덩이를 먹으며 일하던 분, 그래도 시간이 날 때면 아들과 낚시를 가고 꿀을 따던 자상한 분이었다. 우리 반 모두는 함께 슬퍼했고 호준이가 아빠 장례를 치르러 가 있는 동안 호준이에게 줄 편지를 썼다. 모둠 일기에는 호준 아빠의 죽음을 안타까워하는 부모님들이 쓴 글이 여럿 실렸다. 나는 호준 아빠가 아들에게 세상에 마지막으로 남겨 준 글들을 읽고 또 읽었다.

우리 식구가 달라졌어요

모둠 일기를 읽으면서 요즘 아버지들이 옛날 아버지들하고 참 많이 다르구나 싶었다. 물론 여전히 가부장적인 권위를 벗어던지지 못한 아버지, 아이들과 대화하는 방법을 모르는 아버지, 자식 교육 문제는 엄마가 다 알아서 하는 일쯤으로 여기는 분들도 있지만 말이다. 모둠 일기에 아버지들을 참여시키고 싶어 눈치 보며 조심스레 부탁해 보지만 거절 당하기 일쑤인 집들도 있었는데, 오히려 어머니들이 안 쓰고 아버지들이 쓰는 집안도 꽤 있었다. 그런 집은 아버지들이 집안일이나 아이에 대해 관심을 가지고 있었고 또 적극 참여하려는 모습을 보여 주셨다. 한번 참여해 본 아버지들은 다음 일기 쓸 차례를 기다리기도 했다. 반갑고 고마운 일이었다. 아이에게 훈계하거나 가르치려는 글도 있었지만 살아가는 이야기를 담담하게 써 내려간 글도 볼 수 있어서 좋았다.

퇴근하면 버릇처럼 텔레비전을 켠다. 그런데 이게 웬일, 전원을 아무리 눌러도 켜질 생각을 않는다. 고장이란다! 텔레비전을 산 지도 14년. 결혼 혼수물로 여지껏 잘 써 왔는데 다시 구입을 할까? 의논을 한 결과 일단 보류되었다. 어떻게 하다 보니 2주째 우리 집은 텔레비전 없이 지내 왔다.
그런데 2주란 시간 동안 보이지 않는 작은 변화가 일어났다. 즐겨 보던 프로그램 시간대에, 각자 텔레비전 앞에서 바보가 되었던 우리는 서로에게 시선을 보내게 되었다. 말없이 텔레비전에 열중하던

난 굳게 닫혔던 침묵을 깨고 자연스럽게 아이들과 이야기를 나누게 되었고 텔레비전에 열중하던 시간은 무엇엔가 투자를 할 수밖에 없게 되었다.

그 결과 생겨난 단점은 아빠의 잔소리가 많아졌다는 것! 철호야 방은 깨끗이, 책꽂이는 정리 정돈, 옷은 옷걸이에, 숙제는 했니 등등 조금은 괴로울 것이다.

하지만 이로 인해 아이들과의 대화로, 그동안 서로의 마음들 즉 걱정거리, 요구 사항, 친구들 이야기, 학교의 이야기 심지어 친구와 놀았던 사소한 이야기까지 하게 되었다.

개인적으로는 그동안 놓았던 책들을 정리하여 보게 되었고, 무엇보다 텔레비전이 없으면 어떡하지 하는 걱정의 고정 관념에서 벗어난 듯하다. 아이들 또한 처음엔 적응하지 못한 듯하였지만 며칠이 지나자, 텔레비전엔 전혀 관심을 보이지 않았다. '고정 관념!' 참 무서운 병인 듯싶다.

꼭 이것뿐만이 아닌 많은 것들이 있을 것이다. 아빠란 이유로 아이들에게 강요하고, 무의식 속에서 '해야만 한다' 라는 나의 욕심을 채우기 위한 수단으로……. 복잡한 생각들이 오간다. 힘들지만 아빠이기 전에 서로를 이해할 수 있는, 교감할 수 있는 공감대가 필요할 듯싶다.

텔레비전을 다시 구입하겠지만, 지금은 아닐 듯싶다. 현재의 이런 맘을 아이들과 더 즐기고 싶다. 좀 더 서로에게 자유스러워지고, 필요하다는, 있어도 괜찮다는 그때까지 보류할 생각이다.

(7월 3일 맑음, 철호 아버지)

> 우와~ 반갑네요. 의도한 혁명은 아니지만 자연스레 찾아온 새로운 변화! 그래요. 텔레비전이 집안에 들어오면서 가족 관계가 끊어진 집이 많지요. 지금의 이 상황을 오래도록 누리시길 바랍니다.
>
> — 주꼬마 —

고달픈 하루를 마치고 쓰는 일기

고단한 하루 일을 마치고 돌아와 손 하나 까딱하고 싶지 않은데 집안에 들어서니 손 가야 할 데가 널려 있고, 게다가 아이가 모둠 일기 쓰는 날

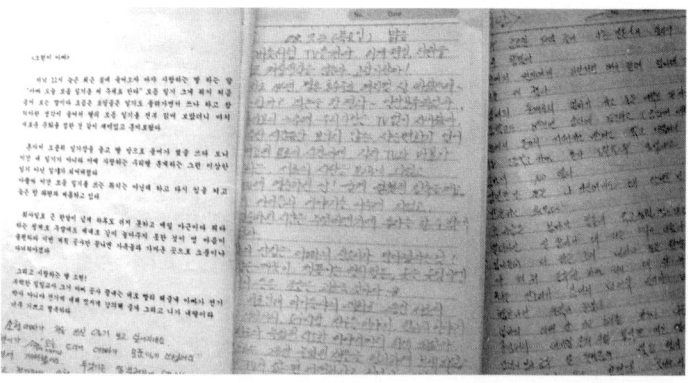

이라며 일기장을 내보이는 날이면 정말 부모들은 선생이 원망스러웠을 것이다. 그렇게 힘든 날에도 짧게나마 써서 보내 주시는 분들이 계셨다. 그런데 이렇게 써 보낸 글을 본 아이들은 힘을 낸다. 열심히 살아가는 부모님 모습에 아이는 절로 고마움을 느끼고 부모님에 대해 다시 한 번 생각해 보는 것이다.

오늘은 힘든 하루였다. 점심시간이 되기도 전에 손님들이 밀려들기 시작하더니 쭈욱 계속 이어졌다. 상을 차리고, 치우고, 차리고, 치우고……. 아이고, 허리야! 손님이 없을 때에는 한 사람도 없다가, 있을 때에는 정신이 하나도 없다. 어느덧 끝나는 시간이 돼서 집으로 오니 어머님께서 김치를 많이 담그라고 열무를 얼마나 많이 주시던지……. 하기 싫었지만 마음을 가다듬고 절이고, 풀을 쑤고, 마늘을 빻고 저녁을 대충 먹고 열무를 버무리고 나니 밤 아홉 시, 이제는 누워야겠다. 오늘은 너무 힘들다.

(5월 21일, 문영 엄마)

힘든 하루를 보내고 오셨군요. 그런데도 이렇게나마 고단했던 하루 일을 담담하게 써 주셨네요. 정말 고맙습니다. 문영 어머니! 힘내세요. - 주꼬마 -

6층 베란다에 불이 켜져 있어야

새벽 1시 전후, 한 잔 술을 마시면 3시쯤 퇴근하는 올빼미족 아빠인 까닭에 혜원이는 대체로 혼자 먼저 꿈나라에 달려간다. 방의 불을 끄고 베란다 등을 켜 두고 잠드는 게 습관이 되어 버린 혜원이. 퇴근 후 베란다 등을 끄기 위해 방문을 열면 등빛 때문에 잠든 녀석의 모습이 보인다. 이불 덮어 주고 뽀뽀 한 번 하고 불을 끄고 나오는 게 나의 퇴근 습관이다. 불이 켜져 있는 날에는 혜원이가 있는 날이고 할머니 댁에 가서 자거나 친척 집에 가는 날에는 당연히 베란다 등이 꺼져 있다. 며칠이나……

6층 베란다 불빛을 보면서 퇴근하는 날은 마음이 포근한데, 불빛이 없는 날은 쓸쓸. 그렇다고 혜원이가 없는 날에 일부러 불을 켜 둘 수도 없고…….

녀석은 알까? 이런 아빠의 마음을…….

추신: 선생님 아이들과 태백산 가는 것 가능합니다. 언제든지 차량 제공할게요.

(6월 19일 운전 중에 에어컨을 틀어야 했던 더운 날, 혜원 아버지)

불 꺼진 창. 이장희라는 가수가 불렀던 노래. 이 노래를 즐겨 부르시던 선생님이 생각나네요. 마음이 너무 많이 아파서 돌아가셨는데……. - 주꼬마 -

이따금 담기는 교사에게 말 못한 고민들

이따금 아이가 선생님을 너무 따라서 큰일이라는 부모도 있다.
'아니, 아이가 학교에 다니면서 선생님을 좋아하고 믿고 따른다는 말처럼 기분 좋은 말이 어디 있을까?
부모님들께 하소연을 들었다. 아이가 부모 말보다는 선생님 말을 더 따르고 신뢰한다고 말이다. 어떤 문제로 아이와 생각이 맞설 때면 "우리 선생님은 그게 아니랬어" "우리 선생님이 그러시는데……." 이러면서 부모 말에 수긍은커녕 말대꾸하는 아이들을 보면 그럴 만도 하겠다는 생각이 든다. 부모로서 아이들 앞에서 권위를 세우고 싶은데 이게 쉽게 먹히지 않는 거다. 부모들은 학교에서 들은 선생님 말이 아이 생각의 잣대가 되어 부모에게 맞설 때 어찌할 바를 몰라 했다.

> **선생님께!**
> 요즘 들어 다빈이와 대화를 나누다 보니 다빈이가 무척 선생님을 좋아하는구나 하는 생각이 듭니다. 시사 얘기든 우리나라 역사 얘기든…….
> 조심스럽게 몇 자 적을까 합니다. 다빈이와 얘기를 나누다 보니 너무 한쪽으로 치우쳐서 다른 한 면은 아예 흑백논리의 자를 대어서 무조건 나쁘다 하는 말들을 자주 듣습니다. 물론 선생님의 가치관과 교육관이 잘못되었다고 하는 것은 아닙니다. 다만 반대편의 얘기도 좀 더 관심 있게 다루어 주었으면 합니다. 솔직히 일일교사 얘

기도 다빈이와 대화를 하다가 이야기 초점이 벗어나서 일일교사를 하는 날 선생님과 진솔히 이야기를 나누자 하고 허락했던 일이랍니다. 어찌 보면 저의 이런 소견이 건방지고 불쾌하실 수 있을 겁니다. 다만 저는 사랑하는 딸이 옳은 일 아니면 틀린 일 이런 흑백논리에 가까워지는 것 같아서……. 불쾌했다면 사과드리겠습니다. 선생님이 의도하신 교육관이라든지 다른 일에 대해서는 모두 찬성하고 고맙게 생각합니다. 제가 오늘 너무 횡설수설한 것 같네요.

죄송합니다. 하지만 한 번쯤은 고민해 주세요. 5학년 1반 학생들은 선생님 말씀 한마디에 좌지우지한답니다. 지루하고 횡설수설하는 제 글을 읽어 주셔서 감사합니다. 다음에 웃으면서 저녁 한번 모셨으면 좋겠네요. 너무 길어지는 것 같네요. 마무리를 어떻게든 해야 하는데 앞에 너무 횡설수설해서인지 잘 안 되네요.

어쨌든 제 소중한 딸과 5학년 1반 친구들을 위해 고생하시는 선생님 고맙습니다. 장마가 온다고 하네요. 기후가 변하면 찾아오는 감기 조심하시구 안녕히 계세요.

ps. 죄송합니다. 직접 뵙고 얘기해야 하는데 삼척에 자주 없다 보니.

(다빈 아버지)

다빈 아버지! 죄송하긴요. 고맙지요. 이렇게 학교에서 보고 들은 것들을 부모님과 토론하고 이야기 나눌 수 있다는 게 흔치 않은 일입

니다. 자식에 대한 관심, 교육에 관한 관심으로 받아들입니다. 교사가 어떤 말을 해도 못 받아들이는 아이가 있는가 하면, 한마디도 놓치지 않는 아이가 있지요. 교사에 대한 믿음, 신뢰가 높은 아이일수록 학업성취도가 높다는 연구결과가 나왔어요. 걱정 마세요. 치우쳤다고 생각하실는지 모르지만 다빈인 앞으로 다양한 환경에 놓이게 될 것이고 또 다른 선생님과 책과 세상을 만나면서 제 생각을 세워나갈 거니까요. 결론은 이르지 싶습니다. 가능성을 열어 놓읍시다.

- 주꼬마 -

내 아이의 또 다른 모습

집에 와서 학교에서 있었던 일을 재잘재잘 말하는 아이가 있는가 하면 그렇지 않은 아이도 있다. 부모와 자식 사이에 대화 채널이 끊겼거나 성격이 원래 그러하여 학교 이야기를 잘 하지 않는 아이들도 있다. 자녀의 학교생활이 궁금하지 않은 부모가 어디 있을까? 마찬가지로 교사들도 집에서 생활하는 아이들 모습이 궁금하다. 학교에서 보이는 모습과 집에서 생활하는 모습이 딴판인 아이들도 있으니까 말이다. 서로의 이 궁금함을 풀어 주는 데 모둠 일기가 그 몫을 단단히 했다. 부모는 아이의 학교생활을 엿보고 교사는 부모들의 글로 아이가 집안에서 어찌 지내는지, 부모가 아이를 어떻게 생각하는지 알 수 있었다. 그런 글들이 아이를 이해하는 데 많은 도움이 되었다.

저번주는 회식이 있어서 늦게 들어와서 숙제를 못했네요. 홍비는 아빠가 술 먹는 걸 제일 싫어하네요. 그래서 안 먹으려고 노력해도 분위기상 안 되네요. 글을 쓰며 홍비와 마주 앉아서, 홍비는 공부하고 있고 동생은 만화책을 읽고, 9시 뉴스를 틀어 놓고 서로 관심 분야가 나올 때 시선이 TV에 쏠리네요. 이런 아무런 생각 없이 글을 쓰고 있어요.

홍비가 학교생활을 즐겁게 하고 있는지 무엇이 문제가 있는지 도통 집에서는 말을 않네요. 생각이 많은 아이라 속마음을 잘 말을 안 해요. 그러나 워낙 선생님에 대한 믿음이 있는지라 잘 따르고 무난히 학급생활을 하고 있을 거라 생각해요. 그냥 생각나는 대로 쓰는데 괜스레 부담 되네요. 작문 실력이 없는지라 기승전결이 맞지 않네요. 다만 홍비의 학교생활과 딸에 대한 관심은 다시 한 번 갖는 기회가 되는 것 같아서 좋은 것 같네요. 마무리는 어떻게 해야 할지 그림이만 씁니다.

(홍비 아빠)

> 홍비 아빠. 그냥 맘 가는 대로 손 가는 대로 쓰시면 됩니다. 글이 좋은 걸요. 홍비가 얌전하지만 알맹이는 꽉 찬 아이랍니다. 또한 자상한 아빠 덕분에 더 든든한 맘으로 학교생활을 해요. 친구들과 관계도 좋고, 조용하지만 할 일을 다 하는 그런 녀석. - 주꼬마 -

미술학원에서 도망친 아들

뎃생을 들어가면서부터 너무 어려워하던 아이가 어제는 드디어 사고를 쳤습니다. 퇴근 무렵 영채가 다 꺼져 가는 목소리로 울면서 전화가 왔더군요.

"엄마, 미술학원에서 속상하고 답답해 그림 그리다가 책가방을 그냥 놔두고 와 버렸어."

"왜, 뭐가 그래 속상해서 그냥 와?"

"선생님이 뎃생을 하라고 하는데 뭐가 뭔지 하나도 모르겠단 말이에요."

"그래서, 책가방까지 놔두고 울면서 왔다는 거야?"

그 말이 끝나기 무섭게 뭐가 그렇게 서러운지 아이는 또 "와앙~"하고 웁니다. 뎃생 수업을 들어가는 순간부터 설명이 어렵다며 부담스러워 하더니 이제는 더 이상 못하겠던 모양인지 학원에서 수업 중에 뛰쳐나온 겁니다. 전화로 우는 아이를 달래며

"그래, 엄마가 뭘 도와주면 좋겠니?"

엄마가 선생님한테 가서 뎃생만 처음부터 다시 가르쳐 주라고 하랍니다. (평소에 제가 '엄마 딸'이라며 아들을 그리 키워서 그런지) 아들 손을 꼭 잡고 학원으로 향했습니다. 학원 문 앞에서 아이는 문을 열지 못하게 하더군요. 심호흡을 한번 크게 하더니 그것도 모자라 화장실로 들어가며 엄마 혼자 먼저 들어가랍니다. 이렇게 겁이 많은 놈이 도망갈 생각은 어떻게 할 수 있었는지. 미술 선생님과 긴 시간

동안 많은 얘기를 나누었습니다. 아이 성격에 대해서, 때로는 아이가 집착하는 사소한 부분들에 대해서, 때로는 아이가 너무나도 당연히 알 것이라고 생각하는 사소한 부분들에 대해서, 때로는 아이가 잘 모르는 부분을 질문하는 때를 놓쳐 혼자 마음속으로 끙끙거리며 걱정만 하는 이제 겨우 초등 5학년이라는 것에 대해서. 아이와 선생님과의 고집과, 생각의 차이를 좁혀 주기 위해서 많은 말들을 했습니다. 얘기가 다 끝날 즈음 선생님이 "아~ 이제 대충 알겠습니다. 뭐가 문제인지" 하시더군요. 선생님이 아이 입장에서 함께 고민해 주고 공감해 주셨다는 것이 고마웠습니다.

지방의 작은 도시에서 우리 아이가 좋아하는 미술을 언제까지 배울 수 있을지는 모르겠지만 늦게나마 좋은 선생님을 만나 다행이고 미술학원을 1년 다니면서 이번처럼 귀엽고 깜찍한 사고도 칠 줄 알고, 도망칠 때 아들의 심정을 알면서도 그 상황을 생각하면 귀엽다는 생각이 들더군요. 지금 생각해도 웃음이 나옵니다. 그림을 그리다 말고 책가방까지 놔두고 저 겁 많은 놈이 어찌 울면서 도망칠 용기가 있었는지…….

미술 수업 도중 뛰쳐나온 사건이 귀여워 잠시 정리해 둔 일부입니다. 영채가 불리하면 도망치는 데는 선수입니다.^^

죄송합니다. 오늘은 이렇게 슬쩍 건너뛰어 보렵니다. 다음에는 영채 아빠와 교대로 뵈올까 욕심내 봅니다. 잘 지켜질지는 모르겠지만.   (5월 18일, 영채 엄마)

> 이럴 때 영채는 영락없는 유치원생, 딱 그 자리입니다. 뒷일 생각하지 않고, 계산하지 않고 본능에 충실한 모습! - 주꼬마 -

부모들이 살아온 이야기

옛날엔 아이들이 어른들한테 이야기를 참 많이 듣고 자랐다. 특히 할머니한테 옛날이야기를 듣거나 부모님 살아오신 이야기들을 자연스레 들을 기회가 많았다. 요즘은 핵가족으로 살지만 세상살이 무에 그리 바쁜지 아이들에게 엄마, 아빠 어릴 적 이야기를 들려줄 기회가 오히려 많이 줄어들었다. 함께 식구로 살아가고 있되 정작 우리가 소중하게 여기고 끌어안아야 할 가치들을 놓치고 살아가는 게 얼마나 많은지. 내 부모님이 어릴 적 무엇을 하며 지금껏 어떻게 살아왔는지 자식이 아는 것과 모르는 것은 분명 커다란 차이가 있다. 아이들도 부모의 삶을 받아들이고 이해할 장치가 있어야 하고 또한 그러해야 한다. 우리 아이들에게 부모로서 무슨 이야기를 들려줄 수 있을까?

> 새삼스레 어린 시절이 떠오른다. 내가 초등학교 5학년 때의 우리 부모님의 모습, 내가 다녔던 학교의 모습, 친구들의 모습, 선생님의 모습, 교실에서의 왁자지껄한 수업시간, 운동장을 뛰어다니며 쫓고 쫓기는 남자아이들과 여자아이들의 실갱이 하는 모습, 그리고 나의 모습……. 촌스러웠던 모습에 웃음이 나기도 하고 모든 아이들이

스스로 생활의 방식을 터득하고 문제 해결을 해 나가는 모습에 기특한 생각도 든다. 내가 처음 이성을 생각하고 느끼기 시작한 것이 5학년 때가 아니었던가 되새겨 본다. 삼삼오오 남자아이들과 여자아이들이 짝을 맞추어 수영장에 놀러 가 처음엔 부끄러움에 몸을 숨기고 피해 다니다가 시간이 약이 되어 어느샌가 물을 튀기며 서로에게 물을 먹이려 공격을 하고 편을 나누어 수영 시합을 하고 훌쩍 흘러 버린 시간을 원망하며 각자의 집으로 가는 길을 아쉬워했던 게 기억난다.

지금 우리 아들 재건이가 12살, 그때 그 시절 나와 같은 나이에 있다. 우리 아들이 지금 무엇을 느끼고 무엇을 하고 싶어 하고 무엇에 관심이 있고 무엇이 고민인 줄 잘 모르고 있다. 내 어릴 적과 많이 달라진 요즘 아이들의 생활 모습, 언어 속에서 생각도 많이 다를 것이란 편견이 앞선다. 엄마의 눈으로 곁에서 지켜보노라면 마냥 어린애 같기만 한 모습에 내 아들만은 순진하고 착한 아이로 만드는 마법에 걸린다. 엄마의 눈 밖에선 친구들과 싸우기도 하고 짓궂은 장난도 치고 동생을 울리기도 하고 때론 거짓말도 할 텐데 말이다. 가끔은 아들에게 학교생활에 대해, 이성 친구에 대해 엄마 아빠에 대한 요즘 생각에 대해 물어보지만 아무런 대답이 없는 아들에게서 또 한 번 무던함을 느낀다.

재건아! 엄마 아빠도 너처럼 태어나서 너와 같은 시간들을 조금은 다른 모습이지만 보냈단다. 지금보다는 소홀한 부모님의 보살핌 속에서 부모님의 사랑만큼은 세상에서 가장 크게 느끼며 내가 할 일은 스스로 해 나가려 노력했단다. 엄마 아빠의 12살 시절에 비하면 우리 재건이는 너무나 스스로 강하지 못한 것 같다. 모습을 보면 안타까울 때가 있다. 많은 실수와 실패가 따른다 해도 재건이가 엄마 아빠께 의지하지 않고 스스로 생각하고 판단하여 결론을 내려 행동에 옮겨 볼 줄도 알았으면 하고 바란다. 한 번쯤 꾸중을 듣더라도 나의 주장을 내세울 줄 아는 자기 고집도 지녔으면 한다.

재건아! 엄마 아빠는 누구보다도 우리 아들 재건이를 믿는단다. 재건이가 엄마 아빠를 사랑하는 만큼 재건이를 사랑하고 재건이가 엄마 아빠를 의지하는 만큼 재건이를 의지하며 살아간단다. 재건이 자는 모습에서 생활의 피로를 풀고 재건이의 땀 흘리는 모습에서 생활의 힘을 얻고 재건이의 웃는 모습에서 인생의 행복을 느끼며 하루하루를 소중히 여기며 살아간단다. 재건이에게 바라고 싶은 게 있다면 그 시절에 맞는 시간을 살기 바라며 세상을 밝고 긍정적인 눈으로 변함없이 바라봐 주기를 바란다. 재건아! 세상은 아름답단다.

> (5월 9일, 구름이 잔뜩 낀 하늘을 보니 내 마음도 역시 무겁기만 하다.
> 구름 뒤에 숨겨진 무언가를 애타게 기다리는 마음으로
> 하루 종일 하늘을 올려다본다. 재건 엄마)

> 재건 어머니 어렸을 적 모습을 그려 보게 되었습니다. 참으로 밝고 따뜻했던, 소중한 어린 시절의 추억을 갖고 계시네요. 어느 부모나 모두 마찬가지이듯 재건이도 부모님에게는 더없이 소중하고 사랑스런 아들이겠지요. 학교생활도 반듯하게 잘 하고 있습니다. 동무들과 사이좋게 지내고 자기 생각이 뚜렷이 있고 좌우로 치우치지 않게 잘 생활합니다. 아름다운 세상, 재건이도 그 한가운데서 하루하루 잘 엮어 나가고 있지 싶어요. - 주꼬마 -

요즘엔 아침에 눈을 뜨면 하루가 어찌 빨리 가는지 모르겠다. 누가 시키지도 않았는데 날짜들은 그렇게 하루하루 지나간다. 매일 하루하루 사는 것에 너무 매달려 지쳐 있는 나!

6년 전 고향인 강릉에서 제2의 삶을 살아 보겠노라고 이곳 삼척으로 이사를 왔다. 유한킴벌리라는 대리점을 시작했고 누구보다도 열심히 살았노라고 자신 있게 말할 수 있다. 많은 것을 계획했고 또 지금에 와서 중간 점검을 해 보면 반 정도는 계획대로 가고 있는 것 같다. 이곳에서 우리 호식이와 효림이가 학교를 입학했고 또 나머지 과정도 이곳에서 마치게 하고 싶다. 강릉이 아닌 곳에서는 살 수 없을 거라고 생각했는데 이곳 삼척도 꽤 살 만하다.

그간 벌써 정이 많이 들었나 보다. 갑자기 내 어릴 적 모습이 생각난다. 축구를 너무 좋아해서 축구부에 들었던 적이 있다. 부모님의 반

대가 너무 무서워 축구 유니폼을 가방에 몰래 숨겨 가지고 다니면서 축구를 했다. 뭐 그리 대단하다고 그 시절엔 그랬다. 아들 녀석이 축구를 좋아하는 걸 보면 나를 많이 닮은 것 같다. 그런데 체력이 너무 약해서 그것이 걱정이다. 조금 피곤한 날이던가 아니면 잠을 많이 못 잔 날에는 코피를 쏟는다. 왜 그렇게 약한 건지……. 누구를 닮았을까? 아빠 엄마는 안 그러는데…….

잠시나마 내 어릴 적을 생각해 보니 아이들의 마음을 조금은 알 것 같다. 그리 잘 하지 못하는 공부 때문에 난 가끔씩 호식이에게 "공부 좀 열심히 해라"라고 말하기도 한다. 나도 그렇게 못했으면서 어른이 되고 또 부모가 되고 보니 이런 말들이 자연스럽게 나오는 걸 보니 나도 어쩔 수 없는 사람인가 보다. 호식이가 요즈음 많이 씩씩해진 것 같아 보기가 좋다. 나에게 와서 장난도 걸고 스킨십도 하고. 사실 호식이는 마음이 너무 여려서 내가 타이르는 말 정도만 해도 눈물을 뚝뚝 흘린다. 좀 강했으면, 남자다웠으면 하는 게 내 바람이다. 항상 그랬지만 요즘 들어 더욱 난 행복하다는 생각을 한다. 아이들과 아내가 있어 행복하고 또 아이들이 건강해서 행복하고. 난 너무 욕심을 내지 않을 생각이다. 현실에 만족하면서 하루하루를 감사하는 마음으로 살려 한다. 모든 것이 다 감사하는 마음.

(6월 19일, 올해는 마른 장마라 하더니 그 말대로 장마권에 진입을 했다고 해도 비는 오지 않고 하루 종일 푹푹 찌는 날씨만이 계속 되었다. 호식 아버지)

호식 아버지, 글 참 좋아요. 음~. 호식이가 자주 강릉엘 가기에 친척이 많이 계시나 보다 했는데 원래 강릉이 고향이시군요. 삼척에 와서 터 잡고 열심히 살아오신 모습이 눈에 그려집니다. 호식이도 이곳에서 아버지의 삶을 이어 열심히 살아 나가리라 믿습니다. 호식인 두 면이 있어요. 조용하고 쑥스러워 하는 모습과 여자아이들 틈에서도 활발하게 춤추는 모습이요. 활달한 모습이 평소에 더 살아났으면 하는 바람이 있습니다. - 주꼬마 -

일기 쓰기를 가로막는 것들

부모들과 함께 모둠 일기를 써야겠다고 마음을 먹고, 언제부터 시작할지 날을 봐 가며 차례차례 준비에 들어갔다. 틈틈이 아이들에게 운을 떼며 관심을 불러 모으던 어느 날, 본격적으로 아이들에게 모둠 일기 취지를 자세히 설명하고 한번 해 보자고 했다. 하지만 정작 부모님들에겐 동의를 받지 않고 안내장만 보내 드리고 시작한 터라 적잖이 염려스러웠다. 아무리 좋은 일에도 모두가 찬성할 수는 없는 일이라고 각오했지만 막상 부딪혀 보니, 생각과 달리 만족스러울 정도로 잘 되어 나가는 듯했다.
그런 가운데 부모님들의 하소연이 들려왔다. 평생 살아오면서 자신을 들여다보거나 자기만의 표현을 절제하고 살아온 부모들이 어디 한둘일까? 학교에서 선생이 하라고 하니까 아이 맡긴 죄로, 내 아이가 소외되거나 불이익을 당할까 봐 울며 겨자 먹기로 마지못해 하는 부모들도 없지 않았을 것이다. 이런 부모님들을 설득해 내고 안내하는 과정이 필요했다.

전화로, 편지로, 메일로, 상담으로, 모둠 일기로 그 과정을 헤쳐 나가야 했다. 쉽지 않지만 더디더라도 설득과 이해의 과정을 거쳐 꼭 함께 해 가고 싶었다. 내 나름으로는 강요하지 않았지만 부모의 입장에서 보면 참여를 하지 않기에는 상당히 부담스러운 문제였을 것이다.

일기 쓰기가 부담스러운 부모

선생님께
영균이가 토요일 귀가하자마자 축구하러 나갈려구 허둥지둥 대면서 큰 소리로
"엄마 모둠 일기 안 써도 된대요~."
라고 하더군요. 순간 전 여쭤 보라고(모둠 일기 안 쓰면 안 되냐고) 했기에 할 말이 없었어요. 죄송한 마음은 물론 들었구요.
나중에 맘에 걸려 아이 생각이 궁금해서 물었지요.
엄마가 모둠 일기 안 쓰는 거 못마땅하지 않느냐고, 너를 난처하게 하지 않겠느냐고.
아이는 절 생각해서인지 괜찮다고 하더군요.
제 생각도 말했더니, 이해해 주더라구요.
선생님!
나름대로 좋은 취지에서 시작하는 걸 알기에 '거역해야지' 라는 생각보다는 '저 자신이 불편한 걸 억지로 써야 되나. 굳이 익숙치 않

는 일을 스트레스 받아 가며 해야 되나' 라는 생각과 아이한테 잔소리 삼아 한 얘기(선생님은 학교에서 왕이야 보호자야 고마운 분이야 등)가 있어서 그랬지요.
"영균아, 엄마가 선생님에 대한 감사하고 좋았던 감정이 불편한 일을 하면서 사라지는 것보다는 말씀 드려서 좋은 마음이 유지되면 더 낫지 않겠느냐."
너무 그럴싸한가요? 그치만 제 맘은 사실 그렇거든요. 괜히 영균이가 저를 오해할까 봐요.
'고마운 분이라면서 뭐야, 엄마는 선생님이 못마땅하다는 거야?' 라며 오해할 수도 있지 않을까 해서요.
선생님!
못마땅하시죠? 죄송합니다. 제가 생각해도 내가 못마땅한데 선생님이야 당연하지요.
제 이기적인 생각, 저 편하자고 남들 다 그냥 하는 일을 뭐가 그리 대단하고 잘났기에 못하는지…….
그저 송구스럽고 부끄러울 따름입니다. 영균이 엄마가 못나고 많이 부족하다는 걸 이제는 확실히 아셨을 겁니다.
모둠 일기를 받고 나서 뭘 써야 되나? 아이에 대한? 아니면 선생님에 대한? 아니면 내 삶에 있어 뭔가를 써야 되나? 암담하더라구요.
그냥 맘 가는 대로 쓰기에는 너무나 뻔한 아이에 대한 생각, 뻔한 선생님에 대한 감사함, 그렇다고 부끄러운 저의 삶을 내세우기는 싫고, 그렇다고 포장하면서 꾸미기식 글은 더더욱 싫었습니다.
그래서 전 편하게 '뺑이야~!' 라는 제목으로 장난기 섞인 짧은 글을 올려 버렸답니다. 아이들을 두고 썼기에 괜찮다고 생각했구 선생님을 보구 쓴 건 아니기에 이해하실 거라 생각했습니다.
제가 남을 많이 의식하면서 사는 것이 저의 가장 큰 단점입니다. 솔직한양 경솔하게 행동하는 부분도 큰 단점이구요. 그리고 좀 고집이 있구 보수적이랍니다. '난 나야' 식의 행동 고쳐야겠습니다. 그냥 마음 가는 대로 계산 없이 그냥 쓰면 되는 것을······.
참 답답하지 않나요?
그리고 사실, 제 아이들에게 부족한 부분을 엄마가 너무도 많이 보여 줬기에 어쩌면 더는, 아니 조금은 줄이고 싶어서일지도 모릅니다. 제가 못하는 부분을 전 사실 아이에게 잔소리 삼아 많이 요구하지요. 필체가 그게 뭐냐며 바르게 쓰라는 둥, 다른 건 몰라도 일기는 써 주길 바란다는 둥. 우습죠?
사실 제가 많이 부족하고 안 하는 부분이거든요. 그래서 아이에게 아니 다른 모든 이들에게 보여 주기 싫어서일지도 몰라요. 영균이 엄마의 부족한 부분을 드러내고 싶지 않았겠지요.
부끄럽게도 저는 아이에게 포장을 하고 합리화를 많이 하는 편이죠. 미안한 부분입니다. 어쩌다 간혹 의도적으로 소리도 질러 보고 지나치다 싶은 행동도 보여 주구요. 엄마도 무섭다라는 거 보여 주고 싶어서랍니다. 인성에 있어서 너무 혹독하게 아이를 누르는 경우가 많아요. 그건 좀 공부해야겠어요. 어떤 게 옳게 가정 교육하는 건지…….

겸손을 노래 삼아 잔소리했던 것이 아이들이 영균이한테 잘난 척한 다는 소릴 듣는다는 얘길 듣고, 뭘까 뭘 보고 그러는 거지? 사실 의문이거든요.

영균이의 고쳐야 될 점 추측은 하지만 아이들이 생각하는 영균이가 궁금하기도 합니다. 뭔가 영균이의 얄미운 행동이 있을 것 같아요. 아이가 거쳐서 이겨 내야 할 부분인가 싶구요.

저의 글솜씨가 바닥 수준이라는 거 이해해 주시고요, 그리고 작문 이라는 게 그런 것 같아요. 평상시에 글쓰기에 익숙치도 않고 가까이 하지 않는 일이라 막연하구요. 그래서 올해 공부 시작했어요. 지금은 자신 없지만 날이 갈수록 나아질 거라는 기대감에서 중도 포기했던 국문 공부하고 있습니다. 글을 많이 접해야겠어요. 이래서 영균이 엄마가 글 쓰라고 했더니 '안 쓰면 안 될까요?' 라고 했구나 생각이 드시지요? 죄송합니다.

메일로 보내온 글이다. 영균이 어머니는 아이에게 집착과 관심이 많고 학교에도 종종 들르시는 분이었다. 바깥 직장에 다니지 않고 집에서 아이 뒷바라지만 하시는 주부였다. 일 다니면서 힘겹게, 고단하게 사시는 분들도 참여하시는데 이 분은 뜻밖이었다. 솔직히, 어려웠다.

영균이 어머니께

보내 주신 글 잘 읽었습니다. 많이 고민하고 어렵게 쓰신 글 같아 마음이 가볍지는 않습니다.

하지만 영균이 어머니 생각을 속 시원히 밝혀 주셔서 이러저러한 생각을 하고 있던 제게는 고마운 글입니다. 전화를 할까, 만나서 얘기를 할까 생각하다가 모두 그만두었습니다. 그냥 두어도 일이 순리대로 흘러가지 싶은 마음도 있었기 때문이지요.

마음이 통한다고 여겼고 제 나름의 교육관을 이해해 주시리라 여겼는데 달리 생각하시는구나 하는 마음이 일었습니다. 무엇이 이렇게 영균이 어머니를 부담스럽게 하고 불편하게 했을까. 쉽게 납득이 가지 않았습니다. 영균이가 어른들 중간에 끼어서 괜히 힘들지나 않을까 하는 생각도 들었고요.

저는 아이들의 마음을 읽고 그 아이의 편에서 힘이 되어 주는 선생이고 싶었습니다. 어느 곳에도 하소연할 길 없는 아이들 마음에 다가가 보듬어 주고 들어 주고 알아 주는 것이 교사가 서 있어야 할 자리라고 여기고 있고요. 감수성이 예민하고 사춘기에 들어선 초등학교 5학년. 부모와도 잦은 갈등을 빚고 친구 관계도 틀어지기 쉬운 때이지요.

그래서 저는 부모, 학생, 교사가 삼위일체가 되어 함께 마음을 내어

놓고 어려운 시기도 잘 헤쳐 나가려는 뜻으로 모둠 일기를 쓰고 있고요, 많은 부모님들에게 부담이 된다는 것을 알면서도 시작했습니다. 부담, 가져야지요. 아이들에게 군림하고 명령하고 시키기만 하는 어른이 아니라 함께 참여하고 같이 해 나가는 부모나 교사가 있을 때 아이들에게는 더없는 든든한 언덕이 되어 줄 수 있다고 여기고 있습니다.

아이들에게 있는 그대로, 정직하게 보여 주는 것이 서로의 믿음과 신뢰를 갖게 하는 힘이란 걸 저는 믿습니다. 나하고는 너무나 먼 딴 세계의 선생이 아니라 내 누이 같고 부모 같고 동무 같은 선생님, 실수도 하고 나약하기도 하고 아이들 앞에서 울기도, 소리 내어 웃기도 하는 선생님으로 살고 싶습니다.

마찬가지로 부모도 아이에게 절대적인 존재가 아니라 힘들어 하고 짜증도 내고 욕도 하고 그러면서도 그 마음 바탕에 나와 통하는, 나를 이해해 주고 곁에 있어서 든든한 존재로 자리 매겨져야 한다고 봅니다. 나아가 내 아이뿐 아니라 다른 아이를 통해 내 아이도 보고, 다른 부모의 글과 생각을 통해 내 자신도 비추어 보기 위해 같이 쓰는 모둠 일기가 작은 장치가 될 수 있다고 여겼습니다. 지금까지 부모님들이 써 주신 글들이 사실은 벌써 그 역할을 충분히 해 내고 있음을 보고 있고요.

영균이 어머니,

보내 주신 글로 영균이 어머니 처지를 이해할 수 있었고요, '이런 상황에선 그럴 수도 있겠구나' 여겼습니다. 아쉬운 점도 있었지만 그것은 제 욕심이겠거니 생각합니다.

진흙 속에서도 연꽃은 피구요 어떠한 악조건에서도 값진 깨달음을 얻기도 하지요. 그것은 그 상황에 맞닥뜨린 사람들의 몫이지 싶어요.

제게 미안해 하시진 마세요. 잠깐 서운한 마음이 일었던 것도 사실이지만 지금은 전혀 그렇지 않아요. 영균이는 영균이대로, 어머니는 어머니대로 원래의 그 모습이 그 자신인 걸요.

선생의 위치에서 학부모를, 학생을 함부로 재단하는 걸 항상 경계해야지요. 아무 걸림 없이 받아들일게요.

그러니 영균이 어머니도 제게 가졌던 불편한 맘 내려놓으세요. 아셨지요?

고민하면서 편지 쓰셨을 텐데, 죄송해요. 편히 쉬세요. - 주순영 -

모둠 일기장에는 일기 쓰기의 어려움을 토로한 분도 계셨다. 끊임없이 대화해 나가면서 풀어 갈 수밖에 없다.

안녕하세요 선생님!

오늘은 모둠 일기에 관해 저의 생각을 말하려 합니다. 각 모둠별로 돌아가며 한 명씩 쓰고 부모님들까지 합세하여 각자의 생각들을 적어 가야 하지요.

선생님의 교육목표와 가르침에 반박하는 것은 아니지만 혜원이가 모둠 일기를 가지고 오는 날엔 '오늘은 뭘 써야 하나' 하고 걱정부터 앞섭니다. 오늘처럼 생각할 것도 많고 풀리지 않은 일도 있고 몸도 피곤하고 하니 더욱 더 부담이 됩니다. 저번주엔 동시 하나 열심히 찾아서 적었는데 금방 또다시 왔네요. 글재주가 있으면 이런 것은 문제가 되질 않겠지만 모르긴 몰라도 저뿐 아니라 정말 꼭 하고 싶은 얘기가 있거나 쓰고 싶은 부모님은 몰라도 저처럼 부담을 느끼며 써야 하는 일기가 그다지 반갑지 않습니다. 참고해 주시면 감사하겠습니다. 제 생각에 선생님의 의견을 듣고 싶습니다.

(5월 24일, 혜원 엄마)

혜원 어머니!
고맙습니다. 이렇게 나름의 생각을 적어 주시니 부모님들의 생각을 알 수 있어 좋습니다. 처음 시작할 때 안내 글에도 썼지만 부담스러우실 거라 여기고 시작했습니다. 부담 없이 편하게 쓰시는 분은 아마 없지 싶어요. 그러나 한결같이 자식에 대한 관심과 사랑으로 참여해 주시는 걸 보고 진심으로 고마웠습니다. 감동했고요. 우리 반 아이들과 부모님들이 참으로 대단하다 싶었습니다.

이미 저는 많은 것을 배웠고 얻었습니다. 부모님들이 쓰신 글들, 길이에 관계없이 단 한 줄의 글이라도 그것은 관심이었고 참여였고 나눔이었습니다. 이것을 강제해서도 안 되고 억지로 할 일도 아닙니다. 쓰지 못할 땐 거를 수도 있고 넘어갈 수도 있지요. 괜찮습니다.

그런데 잘 써야겠다는 생각으로 쓰려면 힘들지요. 이곳은 글재주를 부리는 곳이 아니란 걸 아실 겝니다. 그저 소박한 맘으로 아이들과 말로 다하지 못한 이야기, 학부모로서 살아가는 이야기, 담임에게 의논하고 싶은 이야기를 풀어내는 곳입니다. 있으면 있는 대로 없으면 없는 대로 손 가는 대로 맘 가는 대로 하시면 됩니다.

우리 아이들이 학교에서 어찌 지내는지 들여다보고, 내가 하는 고민 다른 부모님들은 어떻게 해결하는지 함께 나누려고 마련한 자리였는데 부담이 그리 크셨나요.(흑! 안 되는데……) 아이들이 자기 부모님이 글을 쓴 날에는 일기장을 제 책상에 놓았다가도 또 가져가서 보고 또 보고 다시 갖다 놓고 그럽니다. 부모님을 다시 생각하는 그런 시간이기도 하다는 걸 느꼈습니다.

모둠 일기를 통해 혼자 보기 아까운, 너무도 소중한 글들, 그 글로 인한 관계맺음에 저는 더할 나위 없이 부자가 되었습니다. 기회가 된다면 이것을 부모님들과 나누고 싶습니다. 방법을 고민해 봅니다.

— 주꼬마 —

일기 쓴 부모를 부러워하는 아이들

한두 번 쓰고 그만둔 분이 두 사람이었다. 한 분은 책 읽기를 좋아하고 다른 한 분은 자녀 교육에 무척 관심이 많은 분이었다. 더는 못 쓰겠다고 한 까닭을 들어 보니 두 분 모두 남과 견주어지는 게 싫고 삶을 드러내 보이는 게 싫다 하셨다. 어쩔 수 없지만 괜히 아이가 속상해 할까 봐 염려되었다. 안 써도 된다고 하였지만 그게 그리 쉬운 문제가 아니었다. 안 쓰는 사람이 여럿 있으면 모를까 한둘일 때는 아이가 안 쓰는 제 부모를 원망하거나 위축될 수 있기 때문이다. 염려스러웠다. 부모님에게 그런 마음을 갖지 않도록 아이와 많은 이야기를 나누었다.

부럽당

난 모둠 일기를 써 주시는 부모님이 부럽다. 아무리 피곤하고 귀찮아도 써 주시는 부모님……. 우리 어머니께선 한 번 쓰시고 마셨다. 오늘도 다른 아이들 걸 보니 어머니가 아들딸에게 편지 형식으로 많이 쓰셨다. 우리 어머니는 나한테 글씨 좀 제대로 쓰라는 내용으로 쓰신 것 밖에는 없다. 내가 보기에는 다 비슷한 것 같은데 어머니는 못 쓴다고 안 쓰신다. 선생님께 답장이라도 써 달라니까 안 써 주신다. 제발 아들 위해 써 주세요. - 장현호-

현호야

부모님이 일기를 안 쓰셔서 속상하지? 사실 나도 네 부모님 모둠 일기 보고 싶걸랑. 현호를 생각해서라도 함께 해 주시면 좋을 텐데 말야. 엄마도 쓰고는 싶은데 그게 쉽게 잘 안 되신대. 집에서 책도 많이 읽고 너 학교생활에 관심도 많이 갖고 계신 거 알지? 마음은 그렇지 않은데 남에게 보이는 글을 쓰려니 어색하고 그러시대. 어떤 일을 하는 게 누구에게는 평범한 일이지만 또 다른 사람에게는 쉽지 않을 수도 있거든. 그러니까 네가 엄마를 좀 이해해 드렸으면 좋겠어. 너무 속상해 하지 말고. 대신 현호가 식구들 이야기 자주 쓰면 되잖아. 그랬음 좋겠어. 알겠지?

공포의 모둠 일기에 중독되다

처음에 가졌던 부담스러움이 긍정의 힘으로 변한 분들이 많았다. 한 번 쓰는 것으로 끝인 줄 알았는데 또다시 아이 손에 들려 온 일기장.
'어라? 이렇게 돌아간단 말이지? 그렇담 지난번엔 내가 썼으니까 이번엔 아빠한테 넘겨야지.'
그래서 양쪽 부모가 돌아가면서 쓰는 집들이 늘어나기 시작했다. 주마다 한 번 돌아오는 일기에 다른 부모가 쓴 풍성한 글들을 보면서 소극적 참여에서 적극적인 참여로 바뀌어 나가는 부모들도 있었다.

지난주 5월 6일 10시가 훨씬 넘은 밤에 현관문을 열고 들어오는데 바닥에 쪽지 편지와 공책이 놓여 있었다. '엄마 읽어 보시고 뒷장에 엄마도 써 주세요, 꼭~!' 하며 딸의 일기를 읽는 순간 참 기가 막히고 막막해서 대체 이런 아이한테 무슨 말을 해야 할까 고민하다 '에이~ 그냥 자자' 하고 잠자리에 들었다. 아침에 눈을 뜨자마자
"채은아, 그거 꼭 써야 되는 거야?"
"네. 꼭 써야 돼요. 아직 안 쓰셨어요?"
딸의 체면을 생각해서 부랴부랴 몇자 적어 보냈는데 그걸로 끝이 아니었다.
다시 돌아온 모둠 일기
엄마 : 끝이 아니었어? 계속 해야 하는 거야?
채은 : 네. 계속 하는 거예요.
엄마 : 아빠가 쓰시면 되겠네.
채은 : 다른 애들은 아빠가 쓰셨는데 아빠도 관심 좀 가져 봐요.
아빠 : …….
다시 내게로 돌아온 모둠 일기장. 왠지 내용이 궁금해 꼼꼼히 읽어 보았다. 공개수업 때도 느낀 거지만 아이들의 글, 참 순수하고 재미있다. 때 묻지 않은 순수한 마음이 그냥 느껴져 훈훈하다. 부모님의 마음은 다 비슷하다는 걸 느낄 수 있었다. 걱정하고 잔소리하고 때로는 감정 섞인 말로 혼을 내도 그 안에 자식에 대한 사랑의 마음은 변함이 없다는 걸 아이들은 알까? 잠들어 있는 모습을 내려다보며 사랑한다 속삭이고 나보다 더 잘 되길 기도하는 부모 마음을 알까? "커서 니 같은 딸 낳아 키워 봐라. 그때 되면 엄마 마음 알 거다"하셨던 우리 엄마 말씀이 귀에 쟁쟁하다. 그래, 자식을 낳아 키워 보지 않고

서는 그 마음 다 헤아릴 수 없을 거다.
선생님!
처음 모둠 일기장을 받았을 때 다른 부모님들도 보신다는 생각을 하니 좀 더 잘 써야 될 것 같고 부담되고 글재주도 없는데 다 뽀록날 것 같고 참 황당했어요. "니네 선생님 참 특이하시다"며 투덜대기도 했지요. 막상 다시 받아 보니 너무 좋네요. 부담이 없는 건 아니지만 일기장을 통해 선생님과 다른 부모님들과 아이들이 더 가깝게 느껴져요. 다 같이 모여 단합대회라도 하면 참 재미있을 것 같기도 하구요. 오늘이 스승의 날인데 감사의 마음을 이렇게 전합니다. 감사합니다.

(5월 15일. 채은 엄마)

두 아이를 혼자 키우며 사는 아버지도 있다. 작년 학급 마무리 잔치 때도 오셨고 올해 학부모 공개수업 때도 오셨다. 공개수업을 마치고 부모님들과 아이들 글로 많은 이야기를 나눴는데 그 자리에도 끝까지 계셨다. 비록 말씀 한마디 안 하셨지만 딸에 대한 사랑은 여느 학부모 못지않아 보였다.

오늘은 무척 바쁜 하루였어요. 업무하랴 내일 삼척 해수욕장 솔밭에서 직원들 야외 바비큐 준비에 책임을 맡고 있어 이리저리 다니다 보니 집에 와서는 조금 피곤하네요. 그러나 이렇게 아이들이 쓴 글과 선생님, 부모님들의 글을 읽어 보니 우리 아이들이 무슨 생각을 하고 어떻게 커 가는지를 알 수 있는 기회가 되는 것 같네요. 가정의 달 5월도 다 지나가네요. 다시 한 번 가정의 소중함을 되새기며 며칠 남지 않은 한 달을 잘 마무리하고 싶어요.

(5월 29일, 가은 아버지)

모둠 일기의 맛을 알아 가다
모둠 일기가 이어지면서, 뒤늦게 참여한 부모님들이 모둠 일기를 어떤 모습으로 받아들이게 되는지 알 수 있었다. 쓸 차례를 기다리며 앞에 쓴 다른 글들을 읽으면서 모둠 일기가 아이에게, 부모님에게 어떤 의미인지 새삼 느끼는 분들이 많았다.

음, 모둠 일기라…….
그런데 이제 일기장도 달랑 한 장 밖에 남지 않아 내가 쓰는 일기가 처음이자 마지막을 장식하게 됨에 조금의 아쉬움을 느끼게 된다. 딸 민지 담임 선생님이 돌아가며 쓰게 하는 모둠 일기의 의미를 잠깐 헤아려 보면서 선생님의 획기적인 이벤트랄까 아이디어가 신선한 충격을 느끼게 한다. 늦게 귀가한 탓에 앞쪽에 쓰인 다른 학부모들의 일기 내용을 모두 볼 수는 없었지만 시간 날 때 읽게 된다면 이 모둠 일기를 통하여 5학년 1반 학부모님들과의 유대와 공감대를 형성할 수 있음에 또 다른 매력과 흥분을 느끼기에 충분한 것 같다는 생각이 든다. 지금 쓰고 있는 글귀가 민지 반 학생과 학부모들이 읽고 공유하게 되어 그동안 흙속에 묻혀 있던 보석처럼 새롭게 인식되고 번뜩여지는 인연으로 자리매김 되었으면 하는 바람도 염치없이 생겨난다. 쓰다 보니 내용이 일기라기보다는 모둠 일기의 의미를 부각시키는 글이 되고 보니 선생님의 의도하고 추구하는 목적에서 벗어난 것 같아 이 또한 약간의 아쉬움일 수 있음이라 여겨지지만 그래도 진솔한 마음으로 순간 느낌들을 표현할 수 있어 너무 좋다.

(7월 8일, 민지 아버지)

모둠 일기를 쓸 차례가 지난 것 아닌가

두 달 전부터 6월 첫주에 세미나와 제주도 학원 연합회와의 자매결연식을 핑계로 여행을 계획했다. 혜원이에게 여행 가기 전에
"아빠가 일기 쓸 차례가 지난 것 아니니?"
"아직 순서가 남아 있나 봐요."
"여행 갔을 때 써야 하면 어떻게 하지?"
"흐~"
하고 웃는 혜원이. 일기장이 무서웠던 게 아니고 혜원이 친구들의 이야기, 부모님들의 안부가 기다려졌던 것이다.

처음으로 나를 위한 여행을 다녀왔다. 나만을 위한……. (아직 혜원이와 한 번도 여행다운 여행도 못했지만) 정신없이 앞만 보고 달린 게 아니고, 눈 질끈 감고 뛰었던 내게 다시 40대의 삶의 이정표를 세워 보기 위해서였다. 목적지도 없이 많은 곳을 다니며 일과 가족과 나

에 대해서 여한 없이 생각하고 계획했던 일주일의 귀한 재충전 여행이었다.
"2MB가 뭐지?"
아~하!
채은이의 일기장에서
"친구의 글씨가 더 이뻐 보이는 부모님들의 마음을 유라가 알까?"
유라 얼굴도 보이고
"내 딸(조혜원)과 이름이 같아서 기억에 남는 혜원이"
"영어 테스트 이야기와 멋진 글씨체를 가지신 공석민과 아빠"
"휴대폰이 가지고 싶다고……. 연주!"
"내일은 주환이 얼굴을 기억해 둬야지. 방법이?"
새로운 모둠 일기를 읽다 보니 또 다른 세상의 한 장면이 보이는 듯하다. 모든 것이 5학년 1반 학생과 부모님들의 일상이다.

> (6월 12일, 흠! 넥타이보다는 오늘은 원색 셔츠를 입는 게 좋을 듯. 이런 날씨에는 날 만나는 사람이 편안하고 시원함을 느낄 수 있도록 해야 하는 게 좋을 듯하여……. 혜원 아버지)

3장

믿음과
연대는
가능하다

부모와 함께 쓴 모둠 일기, 그 후 이야기

색한지에 담아 보낸 편지와 설문지 | 두 달의 경험이 가져다준 선물 | 끊임없는 소통, 한 사람의 오해라도 풀어야 한다 | 한 권의 책으로 태어난 모둠 일기 | 이어지는 인연의 끈들 | 상처를 딛고 | 믿음과 연대는 가능하다

부모와 함께 쓴 모둠 일기, 그 후 이야기

색한지에 담아 보낸 편지와 설문지

두 달 동안 쓴 모둠 일기는 모둠마다 두 권의 일기장으로 엮였다. 그 일기장을 앞에 두고 부모님들께 편지를 썼다. 그동안 일기 쓰느라 애 많이 쓰셨다고, 귀하고 값진 글 정말 고마웠다고, 잘 모두어서 함께 나누겠다고. 이번에도 역시 정성 들여 쓴 편지글을 분홍, 노랑, 보라, 연두 빛깔의 은은한 색한지에 담았다. 모둠 일기에 대한 설문지도 함께 봉투에 넣어 보냈다.

> 학부모님들께
> 더운 날씨에 몸 건강하신지요? 때 이른 무더위에 몸과 마음이 지치기 쉬운 때입니다. 이런 때일수록 자연의 섭리를 지혜롭게, 느긋하게 받아들여 기운차게 지내시길 바랍니다.

모둠 일기와 관련하여 고맙단 말씀 드리려고요. 더불어 의견도 여쭙고 싶고요. 처음 걱정 반 기대 반으로 시작한 모둠 일기였는데 부모님들의 적극적인 참여로 지금껏 이어져 왔습니다.

아침마다 제 책상에는 여섯 모둠에서 가져오는 부모님들의 살아 있는 글들이 놓여 있었습니다. 그 어떤 것으로도 살 수 없는 귀하고 소중한 삶의 기록들이었습니다. 자녀에게 들려주는 이야기, 바람, 소망도 있었고 저를 꾸짖는 이야기도 있었고, 땀 흘려 일하는 이야기, 세상일로 고뇌하는 이야기, 때론 당신이 살아오신 이야기를 담담하게 적으신 분들도 있었습니다.

사람이 저마다 모두 다르듯이 정성스레 쓴 글씨 또한 각자가 지닌 혼과 정신을 엿볼 수 있었습니다. 선생이라는 지위를 이용하여 이렇게 귀한 것들을 가질 수 있어서 더없는 영광으로 생각하였습니다.

모둠 일기를 통하여 세상을 볼 수 있었고 아이들의 가정을 엿볼 수 있었고 부모님들의 건강한 의식들을 만날 수 있었습니다. 이러한 글들은 지금껏 세상에 나와 있는 그 어떤 글들보다도 가치 있는 글이라 생각합니다. 여기에 선뜻 동참해 주신 작가님들이 계셨기에 가능한 일이었지요.

이 귀하고 값진 자료들을 엮어서 부모님들께 돌려드리려고 합니다. 그리하여 함께 나누고자 합니다. 그래서 제 방학 숙제는 정했습니다. '모둠 일기 엮어서 작은 책 만들기'입니다. 부지런히 해 보겠습니다.

그동안 마지못해 아이 맡긴 죄로 선생이 하라니까 억지로 글 쓰신 분들, 처음엔 심드렁하니 여기시다가 불이 붙어 모둠 일기를 손꼽아 기다리며 열심히 참여하신 분. 5학년 1반 모든 학부모님들께 다시 한 번 머리 숙여 감사의 인사 올립니다.

건강하고 아름다운 가정 꾸리시구요, 우리 아이들이 맞이하는 여름방학, 부모님과 함께 계획 잘 세워서 알찬 시간 보낼 수 있기를 기원합니다.

2008년 7월 12일
5학년 1반 담임 주순영 올림

모둠 일기 설문지

그동안 애쓰셨어요. 함께 써 본 모둠 일기에 대한 공정한 평가를 부탁드립니다.
마지막까지 부모님들 못살게 하는 건 아니지요?

긍정적인 면
(예:아이들을 바라보는 눈, 교육에 대한 관심, 식구들의 참여, 가족 관계 등)

부정적인 면
(예:힘들었던 것, 부담스러웠던 것, 식구들의 무관심, 담임교사에 대한 서운함, 아이에 대한 기대 등)

그래도 못다 한 말, 하고 싶은 말

2학기에 이어 나간다면?
① 참여하겠다. (   )
② 1학기로 충분하다. (   )

두 달의 경험이 가져다준 선물

신경을 많이 쓰고 적지 않은 시간을 보태는 일들이 쉽지만은 않았다. 힘들고 어려운 과정이었지만 다행히 소중한 열매를 얻었다. 욕심 같아서는 2학기에도 쭈욱 이어서 해 나가고 싶었지만 두 달 동안의 일기로도 충분히 많은 것들을 거두었다. 아이들의 가정이 훤히 들여다보였다. 부모님들의 생각도 읽혔다. 그것을 바탕으로 나는 아이들에게 더 가까이 더 깊숙이 다가가 이해하고 감싸 안고 사랑하는 일만 남았다.

난 1학기 경험만으로도 충분했는데, 2학기에도 모둠 일기를 쓴다면 참여하겠다는 분이 34명 가운데 19명이었다. 부모님들은 이렇게나마 학부모 역할을 하고 싶었던 거였다. 이러면 됐다. 성공이다.

설문지에 써 주신 글

"내 아이만이 중심이 아닌 주위를 둘러보게 되었고 같이 커 가는 친구들 모습을 볼 수 있어서 좋았습니다. 큰아이와의 갈등, 그리고 고민, 엄마로서 다시 생각하는 동기가 되어 저에게는 그 어떤 것보다도 좋은 경험이었습니다. 엉켜 있는 가족이란 실타래를 푸는, 가족 관계 회복의 밑거름이 되었지요. 사람의 마음을 움직이는 글이란 그래서 좋습니다."

"아이가 학교에서 어떻게 생활하고 있고 선생님과의 공감대가 어느 방향으로 가는지 알 수 있는 기회였다. 집에서 아이를 보는 눈과 모둠 일기에서 실제로 표현되는 글을 통하여 무엇을 생각하고, 바라고, 느끼는지를 알게 되었고 나아가 부모가 나아갈 지침을 제공해 준 좋은 방법이었다."

"아이들의 일기 쓰기 습관, 그리고 일기 끝에 선생님의 생각을 적어 주시니 아이들이 너무 좋아하고 뿌듯해 해요. 아이들의 고민을 같이 이해하고 해결해 나가는 게 한 가족 같은 느낌!"

"늦게 들어와 성의 없는 형식적인 글을 써 보낼 때 죄송했다. 부모로서 반성의 시간을 가질 수 있었고 내 모습을 되돌아볼 수 있는 계기가 됨."

"선생님께 개인적으로 편지 쓰기에도 부담이 있었는데 아이들에 대해서 선생님과 자연스럽게 소통할 수 있어서 좋았습니다. 말로 모든 걸 해결하다가 글로 표현하는 게 쉽지 않았지만 아이를 이해하고 선생님의 의중과 신념을 십분의 일이나마 알게 되었습니다. 5학년 올라와서 시사, 경제, 사회적 이슈나 일반 상식에 대해 얘기하는 모습을 자주 볼 수 있어서 조금은 긴장된 생활을 하고 있습니다."

"눈으로 보지 못했던 아이들의 생각과 행동들을 알 수 있어 좋았습니다."

"또래의 다른 아이들과 우리 아이의 생각을 비교해 보며 행동이나 생각에 대해 이해할 수 있었다."

"엄마 아빠와 아이 사이에 글을 통해 마음을 주고받을 수 있었고 학교와 교육에 대해 더 관심을 갖게 되었다."

"모둠 일기로 하나 되는 느낌이 참 좋았다. 아이들끼리 가정에서나 학교에서나."

"가족의 분위기나 부끄러운 모습들이 드러나는 부담감이 있었고 조금은 형식적인 면이 있지 않았나 생각합니다. 선생님과 부모의 교육방식이 같으면 좋겠지만 그렇지 않을 때, 아이들이 부모님보다는 선생님의 의견을 더 존중하는 것을 봤을 때 아이들에게 너무 관대하신 게 아닌가라는 우려가……."

"다른 아이들의 고민, 갈등에 대처하는 부모님들의 생각과 의견에 공감하면서 자극과 반성의 시간을 가질 수 있었다. 선생님이나 내 아이에 대해 솔직한 글쓰기가 조금 힘들었음을 고백한다."

"아이들이 거짓 없이 진실한 것 같았고 내 아이만이 아닌 우리 아이들이구나 하는 생각이 들었음."

"다른 반 아이들은 몰라도 5학년 1반 아이들은 솔직하고 숨김없고 자기 생각을 분명하게 표현할 줄 아는 어린이들이었다. 모둠 일기를 쓰면서 선생님에 대한 불만이 싹 사라졌어요."

"우리 아이가 언제 이렇게 자랐나 싶네요. 아이들의 글을 보면서 풍부한 표현력에 감탄했고요, 가족들 간의 행복하고 즐거운 모습도 볼 수 있어 참 좋았습니다."

"처음에는 부담스런 면이 없지 않았지만 시간이 지나면서 속에 있는 말들이 하나둘씩 나오기 시작했습니다. 아이에 대해 조금 더 신경을 쓰게 되고 요즘 무슨 생각을 하는지, 학교생활은 어떤지 많은 질문을 하게 되었습니다. 모둠 일기에 달아 주신 댓글이 궁금해서 아이에게 물어본 적도 있습니다. 반 전체의 글 읽어 보시고 댓글 달아 주시고 정말 쉽지만은 않았을 텐데 수고 많으셨습니다. 2학기에도 한다면 적극 참여하겠습니다."

"처음엔 무슨 말을 어떻게 써야 할지 난감했어요. 살아가면서 공부는 평생해야 된다는 것을 깨우쳐 주었습니다. 참으로 좋은 추억이었습니다."

"선생님한테 내야 하는 부담으로 가족들 사이에 서로 쓰지 않으려고 미루다가 가정불화까지 생긴다는 이야기를 들었고 일기에 아이들이 다른 아이들의 험담을 일부러 보란 듯이 쓰기도 해서 안 좋은 것 같습니다."

끊임없는 소통, 한 사람의 오해라도 풀어야 한다
대부분의 부모님들이 긍정의 평가를 내려 주셨다. 하지만 설문지 하나에 마음이 꽂혔다.

> "선생님한테 내야 하는 부담으로 가족들 사이에 서로 쓰지 않으려고 미루다가 가정불화까지 생긴다는 이야기를 들었고 일기에 아이들이 다른 아이들의 험담을 일부러 보란 듯이 쓰기도 해서 안 좋은 것 같습니다."

이 분은 모둠 일기에 참여는 하셨지만 '안 하면 내 아이가 불이익을 당할까봐' 차원에서 의무감으로 양쪽 부모님이 돌아가면서 쓰셨다. 하지만 글의 내용은 퀴즈 맞히기, 인터넷에서 구할 수 있는 말놀이 같은 것들이었다. 억지로 쓰다 보니 모둠 일기 취지에 맞게 아이 속으로 들어가고 부모의 이야기를 내어놓거나 교육에 대한 고민과 같은 소통을 위한 글이 나오지 않았다. 대놓고 불평을 드러내지는 못하고 그저 모둠 일기가 빨리 끝나기만을 바라며 누군가 대신 이 일을 끝내는 역할을 해 주기를 바래 왔다는 것을 나중에 알 수 있었다. 공부나 잘 가르쳐 주고 성적만 올려 주면 되지, 쓸데없이 이런 일로 시간을 낭비한다는 게 영 내키지 않으셨던 것 같다. 어느 부모에게나 내 아이는 다른 아이들과 견주었을 때 남다르고 특별하다. 하지만, 그렇다고 하여 동무들이나 선생님이 바라보는 아이 모습보다 부모가 바라보는 모습이 옳다고 믿는 분이었다. 언젠가 아이 문제로 상담하러 오셨을 때, 아이가 교실에서 어떻게 지내는지 이야기하자 쉽게 받아들이지 못하시기도 했다. 부모의 시야는 넓어지지 않고 내 눈 안에 들어오는 아이 모습만이 전부라고 여기는 분이었다. 그게 다가 아니라고 말씀 드리고 싶어 편지를 썼다.

민성이 아버지께
많이 덥지요. 오늘은 기세 좋던 더위가 한풀 꺾인 느낌이 나네요. 수고 많으십니다.
얼굴 한 번 뵌 적 없지만 민성이를 알고, 민성이 엄마를 알고, 민성이 아빠는 글로 만나 뵈었기에 그리 낯설지는 않습니다. 제 글을 받고 혹여 당황하시지나 않을까 염려스럽습니다.
다름이 아니라 어제 민성이가 가지고 온 '모둠 일기' 설문지에 쓰인 글을 보고 적잖이 충격을 받았습니다. 퇴근 무렵까지, 아니 집에 돌아와서도. 그것도 아니 되어 아이들 저녁을 챙겨 주고 산엘 갔습니다. 혼자 땀을 뚝뚝 흘리며 걷고 있는 내내 머릿속은 많은 생각들이 실타래처럼 엉켜 왔습니다. '그래, 정리를 하자. 그리고 내 생각을 제대로 알려 드리자' 하는 결론에 이르렀습니다.
'삶을 가꾸는 글쓰기'라고 들어 보셨는지요. 저는 교단에 선지 19년째 아이들과 이 일을 계속 해 오고 있습니다. 글을 쓰는 게 목적이 아니라 '삶을 가꾸기 위해' 글을 쓰는 거지요. 정직한 글, 꾸밈없이 가식 없이 쓴 글, 깨끗한 우리말로 쓴 글, 머리로 지어낸 글이 아닌 누구나 쓸 수 있는 글이 아닌 자기 자신만이 쓸 수 있는 글, '아, 참 그렇지' 하고 맞장구칠 수 있는 글, 사람의 마음을 움직이는 감동이 있는 글은 삶을 가꾸는 데 도움이 되지요. 그런 글쓰기의 바탕은 일기 쓰기이고요. 글로 표현되어 나오는 세상의 어떤 글도 누구에게든 보일 수 있다는, 공개가 된다는 것을 전제하지 않은 글은 없습니다. 비밀 글이란 건 없고요. 죽을 때까지 비밀로 하겠다는 비밀의 성격이 짙은 글도 결국엔 남에게 보일 수 있다는 전제로 글을 씁니다.

저는 아이들의 일기를 '검사' 하지 않고요 일기 '얻어 보기'를 합니다. 정말 아이들을 제대로 알고 이해하고 받아들이고 싶기 때문입니다. 왜? 아이들 삶을 이해하고 말로 나누지 못하는 얘기는 글로 나누고 서로만의 믿음과 이해를 쌓기 위해. 서른 명이 넘는 아이들과 개인적으로 그 삶을 들여다보고 얘기 나누기에는 시간이 부족합니다. 그리고 성격이 조용한 아이는 말로는 표현 안 해도 글로 자신의 생활을, 상처를, 아픔을 드러냅니다. 저는 그런 아이들 마음을 읽고 헤아려 주고 북돋아 주고 해결해 주고 나아가 보듬어 안으려 합니다. 그래서 형식적으로 쓴 글, 뻔한 글, 날마다 비슷한 글, 진정이 담기지 않은 글, 보여 주기 위해 쓴 글, 누구나 쓸 수 있는 글, 남의 글을 베낀 글, 자기의 삶과 생각이 없는 글을 읽기 불편해 합니다. 그런 글을 쓰는 건 종이 낭비고 시간 낭비라는 생각입니다.

글쓰기는 자기표현입니다. 그런데 왜 보여 주기 위한 글을 써야 하지요? 저는 아이들이 써 온 글을 다 같이 나누는 시간을 자주 갖습니다. 함께 문제를 해결하기 위해, 따뜻한 마음을 함께 나누기 위해, 동무들의 아픔을 서로 이해하기 위해 진정이 담긴 글은 읽어 주지요. 아이들은 그 글을 읽고 미처 생각하지 못했던 상대방의 처지를 헤아리기도 하고 문제를 해결하기 위해 즉석 토론을 벌이기도 하고 뜨거운 박수로 격려해 주기도 합니다.

부모님들이 쓴 모둠 일기도 마찬가지였습니다. 처음 취지를 알리는 글을 모둠 일기장 안쪽에 붙여 두었고요, 왜 이런 일을 하게 되었는지, 무엇을 어떻게 써야 하는지, 교육에 대한 또 다른 참여의 한 방법으로 부담스럽겠지만 함께 해 보자는 글을 실었습니다. 두렵고 설레고 떨리는 맘으로 시작했습니다. 물론 다른 몇 학교에서도 해 본 일이 있었습니다. 그 분들 가운데는 모둠 일기로 서로 가슴을 열고 만나는 장이 되어 제 아기를 키워 주게 된 학부모도 계셨고 지금까지 만남을 이어 오는 학부모님도 계십니다.

우리 반 아이들과는 2년째 이어서 만나고 있고 서로 잘 아는 것 같지만 제 깊은 손길이 더 필요한 아이가 있었고 부모님들 간의 소통도 필요해 보였고 사춘기를 맞은 우리 아이들이 부모 자식 간의 이해가 필요해 보였고 학교 문턱을 낮추는 의미에서 글로 만날 수 있는 한 방법도 있음을 알려 드리려는 여러 가지 목적이 있었습니다.

부모님들의 반응이 궁금하여 아이들에게 거의 날마다 물었습니다. 일기장 내려 오는 아이들에게 묻기도 하고 전체 아이들에게 물어보기도 했습니다. 아이들도 부모님들의 글을 기대했고 자신의 부모님이 일기를 쓰신 날은 일기장을 제 책상 위에 냈다가 다시 가져가 읽어 보고 다시 내고 얼마나 좋아했는지 모르실 겁니다. 그리고 어떤 부모님들은 일주일을 기다리는 게 너무 길다고도 하셨습니다. 시작한 지 일주일이 되지 않아 저는 어쩔 줄 몰라 했습니다. 이렇게 관심과 참여가 높으실 줄은 몰랐습니다.

캔 맥주 하나 책상에 올려놓고 깊은 밤에 당신 살아온 이야기를 담담하게 쓰신 분도 있었고 아이에게 들려주지 못한 부모의 처지를 아프게 써 내려간 분도 계셨습니다. 저를 울렸습니다. 그리고 아이를 다시 보았습니다. 어째 이래 고단하고 아프게 사셨을까 얘기를 더 듣고 싶어 밖에서 따로 만나기도 했고요, 전화나 또 다른 편지로 마음을 나눈 분도 여러 분 계십니다. 우리 아이들의 글쓰기 실력은 제가 봤을 때 뛰어납니다. 글을 보는 눈 또한 명확하지요.

"에이, 우리 엄만 이런 형식적인 글을 왜 썼어. 사랑한다느니 뭐니……. 엄마 글을 써야지."

민성 아버지, 제가 가장 설문지에서 충격으로 받아들인 부분은 일기를 서로 미루려고 다툼으로까지 이어진 분들 얘기였습니다. 모둠 일기의 취지를 충분히 이해하고 받아들인 분들은 추구하려는 목표의 200, 300%를 얻어 내는 걸 봤습니다. 돌아가면서 쓰기도 하구요, 학교 일에 무관심했던 아빠를 참여시켜 이제는 아빠가 모둠 일기 펜이 되었다는 가정도 있습니다. 모둠 일기를 보시고 딸래미 반 아이들이 궁금해서, 담임이 궁금해서 일일교사를 신청하여 아이들과 함께 수업을 하신 분도 계십니다. 부모의 말보다 교사 말을 더 신뢰한다면서 저를 질투하는 글을 쓰신 분도 계셨습니다. 모둠 일기에 참여하다 보니 학부모로서 아이에게 닦달하던 자신을 돌아보게 되었다며 열한 장의 편지를 쓰신 분도 계셨습니다. 밤늦게 돌아와서도 아이가 펴놓은 일기장을 하나하나 들춰 읽으면서 '아, 우리 아이가 이렇게 많이 자랐구나, 엄마 없이 잘 자라 주어 고맙구나' 아빠가 써 준 이런 글을 보고 울었다는 아이도 있었습니다.

이렇게 모둠 일기를 소통의 장, 대화의 장, 부모의 권위와 가면을 버리고 있는 그대로 편하게 다가갔던 분들이 있는가 하면 선생이 내준 '숙제'로 여긴 분들도 계셨습니다. 의무감으로 또는 다른 사람과 비교 당한다고 생각하며 글재주를 부려야 한다고 생각하는 분, 자신의 틀을 깨지 못하고 늘 그 틀 안에서만 힘겨워 했던 분들도 계셨습니다. 두 분은 처음 한두 번 쓰고 도저히 못 쓰겠다 하셨습니다. 그 두 분은 공교롭게도 직장에서 열심히 일하고 오시는 분들이 아닌 집에서 살림하는 분들이었습니다. 이런 현상은 어떻게 받아들이시는지요? 저는 부담스러우면 쓰시지 말라고 했습니다. 나중에야 그러더군요. 모둠 일기를 잘못 이해했다구요. 강제로 하는 게 아니니 차라리 이래 표현하는 분이 나았지요.

그런데 온통 불만을 가진 채 아이가 볼모라 어쩔 수 없이 한다는 식으로, 그저 끝나기만을 바라면서, 아이와 어른의 삶을 가꾸어 가는 수단으로 쓰는 게 아닌 단순한 지면 채우기로, 안 쓰면 선생한테 안 좋은 모습으로 비출까봐 스스로를 옭아 버린 분들도 있었지 싶어요.

아이들도 그렇습니다. 몸으로든 말로든 글로든 표현하는 사람이 건강합니다. 글에 그 사람 고유의 색깔이 없는 죽은 글을 쓰는 아이에게 손을 내밀기가 쉽지 않습니다. 그런 글로는 어떤 할 얘기도 없기 때문입니다.

일기장은 일주일에서 열흘에 한 번 돌아갔습니다. 열심히, 고단하게 일하고 일주일이나 열흘에 한 번 글을 쓴다는 것이 그렇게 어려운 일이었나 궁금했습니다. 오히려 밤늦게까지 마트에서 식당에서 일하고 오신 분들은 그 힘들었던 일들을 아이에게 글로 나타내 주고 표현해 주었습니다. '식당에서 밤늦게까지 설거지하고 김치 담그느라 많이 피곤하다. 많이는 힘들어서 길게는 못 쓰겠지만 잘 자라, 딸아' 하면서요. 아이는 그 글을 보고 힘들게 일하시는 엄마 모습에 마음을 고쳐먹고 더 열심히 생활해 나갑니다.

대부분의 아이들은 학교 와서 이야기를 거의 다 합니다. 가족 이기주의, 가정 왕국 속에 사는 아이들은 빼고요. 감정이 없는 아이들, 박제된 교과서 안의 글만 공부라고 생각하는 아이들도 빼고요. 저는 아이들에게 책을 읽어 주면서 가슴 아픈 장면에서는 아이들 앞에서도 눈물을 보이고요 개인적인 문제가 있어 얼굴빛이 안 좋아 아이들이 물어 오면 제 얘기를 다 해 줍니다.

"이런 속상한 일이 있었어……."

마무리해서 편지를 보냈다. 나중에 자료를 찾아보니 여기까지 쓴 채 컴퓨터에 저장되어 있었다. 그 선생 참!

한 권의 책으로 태어난 모둠 일기

부모님들과 함께 해 본 삶을 가꾸는 글쓰기! 학부모가 아이들 삶 속으로, 아이들 교실 속으로, 내 나이 동무들 생활 속으로, 같은 학부모들의 생각 속으로 함께 들어와 글을 쓰고 생각을 나눈 마당. 그 열린 마당 덕분에 교사로 살아가는 나와 우리 아이들의 부모님들은 많은 것을 얻었다. 서로의 속으로 더 깊이 들어감으로 우리는 서로를 이해할 수 있었고 공감할 수 있었다. 우리는 상대를 바라보는 시선이 전보다 훨씬 더 넉넉해졌다.

모둠 일기를 쓰는 동안 나는 아침마다 얼마나 설레었는지 모른다. 부모들이 써 보낸 삶이 담긴 글을 보고 싶은 마음에 조금이라도 더 빨리 학교에 가려고 안달을 했다. 그런 행복감을 맛보게 한 모둠 일기! 방학 내내 열두 권의 모둠 일기를 읽고 또 읽으며 작업을 했다. 부모님들께 드린 약속도 있었고 소중한 자료를 나 혼자 갖고

있기에는 죄송스러운 일이었다. 아이들 글은 한 편씩만 넣고 부모님들 글은 하나도 빠짐없이 넣어 한 권의 책으로 엮었다. 작업을 하는 동안은 모둠 일기를 받아 볼 때만큼이나 설레었다.

모둠 일기 문집을 읽고 | 이동제
오늘 1학기 때 썼던 모둠 일기로 만든 책을 받았다. 보자마자 읽어 보았다. 다른 책처럼 지루하지 않았다. 집에 가서 엄마한테 보여 주었는데 너무 반가워하셨다.
'모둠 일기 쓸 때는 싫어했으면서……'
속으로 중얼거렸다. 근데 엄마는 꽤나 열심히 읽으셨다. 그리고 맨 앞표지의 사진을 보시고 누가 누구인지 말해 달라고 했다. 그리고는 또다시 읽으셨다.
"엄마, 모둠 일기 열심히 쓰지. 그럼 좋았을 텐데……"
엄마한테 일부러 들리도록 말했다. 엄마는 묵묵부답이다. 엄마도 책이 재미있나 보다. (9월 9일)

4학년, 5학년 2년을 꾸준히 아이가 일기와 글을 쓰는 모습을 곁에서 지켜보고, 모둠 일기를 쓰며 아이의 삶을 들여다보면서 글쓰기의 힘을 본 부모님은 아이 글을 엮어 문집을 내고 싶어 하셨다. 누구에게 보여 주기 위함이 아니라 글에 나타난 아이의 성장과 발전을 오롯이 모아 주고 싶어 하셨던 게다.

'오호라, 우리 아이가 이렇게 달라졌구나.'
'네 생각이 이렇게 깊어지고 넓어졌구나. 이것을 온전히 간직하고 싶어.'
이런 거였다. 내가 모둠 일기를 엮는 작업을 하는지 알고 계셨던 한 부모는 당신의 아이 글도 그렇게 해 주고 싶어 하셨다.

아이 개인 문집을 엮어 주고 싶어요

안녕하세요.

요 며칠 사이 작은 바람이지만 간간히 느껴집니다. 실바람을요.

방학인데도 숙제하시느라 바쁘시죠?

쉬엄쉬엄 하세요. 오늘 못하면 내일 하고, 내일 못하면 졸업하기 전에 하면 되고 그렇죠 뭐……. ^^

다름이 아니라 선생님께 허락도 받고, 또 부탁드릴 겸해서요. 그동안 4학년서부터 모아 놓은 영채 일기를 작은 책으로 엮어 주려고 요즘 퇴근하면 거기에 매달려 작업 중입니다. 4학년 것은 모두 끝났고, 이제 5학년 부분을 입력 중이지요. 작업하면서 느낀 것은 더러는 지난날 부모로, 아이들한테 못해 준 미안함, 그런 것도 다시 그려지고 또 더러는 아이의 예쁜 마음이 가득 담겨 있는 그런 감동도 느끼고 그렇지요. 하여 이러저러한 기록들을 아이가 오랫동안 간직할 수 있는 뭔가를 남겨 주고 싶었습니다. 1년 동안 아이의 글에서 참 많은 변화, 발전 등을 느끼지요. 글에서 아이가 커 감도 느껴지구요.

사설이 길었습니다. 제가 선생님께 허락 받고자 하는 것은 영채 글만이 아니라 선생님께서 아이 일기장에 담아 주신, 귀한 답글을 허락해 주신다면 함께 올리고 싶어서입니다. 그래도 괜찮은지요? 그리고 끝마무리를, 영채에게 남겨 주었던, 제 가족이 남긴 모둠 일기 내용을 영채 꺼와, 저 그리고 아빠, 형아 이렇게 모두 비록, 만족할 만한 좋은 내용은 아니지만 그래도 기록으로 남겨 주고 싶습니다. 해서 아빠 글과, 영채 글을 보내 주실 수 있는지요.(너무 많은 걸 부탁드려 죄송합니다.) 처음 해 보는 일이라, 대충 작업이 마무리가 되면 선생님께 먼저 보여 드리고 조언도 구하고 싶습니다. 안 그래도 바쁘신 분한데 제가 그리해도 되는지요?
선생님께서 지도하신 글쓰기 교육이 아이에게는 나날이 귀한 열매로 커 갑니다. 진심으로 감사드려요.
5학년 올라와 쓴 일기 글 내용이 점점 길어지니, 작업하기가 겁도 나고요.(현재 250페이지 정도 했어요, 막상 해 보니 힘이 들어요.)
더운 날 시원한 것 드시면서 하시고요. 건강하세요.
어제부터 시 보건소 접종실 직원이 없어서 3일 동안 파견 나왔습니다.
선생님의 허락을 기다리며 영채 엄마가 드립니다.

영채 어머니
예, 마침 방학 숙제하느라 컴퓨터 앞에 앉았던 참이었습니다.

저 열심히 하고 있어요. 모둠 일기장을 한 권 한 권 다시 펼쳐 보면서 작업하다 보니 이게 참 귀한 글이고 귀한 일이다 싶었습니다.
부모님 글은 모두 쳤는데 아무래도 아이들 글도 한 편씩 넣어야 할 것 같아 다시 아이들 글을 고르고 있는 중이었습니다.
영채 글은 그러지 않아도 요즘 여러 생각을 해 보았습니다. 녀석 글은 꼭 엮어 보고 싶단 생각을 저도 했습니다. 봉황산을 하루에 한 번씩 올라가는데 내내 그런 생각을 했어요. 자세한 얘기와 여러 방법들은 아직 정리가 안 되었기에 다음번에 말씀 드릴게요.
어쨌든 어머니께서 그 작업을 하고 계시다니 반갑고요, 저도 참 좋네요. 일단 작업을 계속 해 주시구요.(정말 5학년 때 일기는 분량이 많아 장난 아니겠다 싶어요. 그래도 글이 워낙 좋아서리……)
그리고 영채네 모둠 일기는 작업을 모두 마쳤으니 보내 드릴게요. 또 연락 주고받으면서 함께 해 나가지요. 그리고 제 답글 정도야 글도 아닌데요 뭘. 얼마든지 갖다 쓰셔도 됩니다.
영채에 대해 나름대로 글을 한 편 썼습니다. 공부 모임에 나가 함께 이야기 나눠 보려고요. 보내 드릴게요. 읽어 보세요.
같이 열심히 합시다. 흐흐!

선생님께
장날이라 오전 내내 접종 때문에 바빴습니다.
도와주신다는 말씀, 정말 감사합니다.

사실, 시작은 어찌 마음먹어 펼쳤는데 이것이 장수가 늘어나고 줄글이 갈수록 많아지니 한 장씩 작업한 글을 보고, 꼭 뒷장에 남아 있는 장수를 확인해 보는 버릇이 생겼어요. 몇 장 쳤다고 이제 게으름 피우는 거지요. 헌데 이 긴 내용들을 아들은 매일 같이 하루도 거르지 않고 쓰고 있으니 아들놈이지만, 고럴 땐 새삼 존경스럽더라고요.

변변하지 못한 놈, 그렇게 글로 보아 주셔서 감사합니다. 별로 남다를 것도 없는 그런 아이입니다. 하지만 가끔 그런 아이의 예쁜 마음들이 다 선생님의 가르침 때문이지요. 아이도 가끔 그런 말을 합니다. 뭐든지

"선생님이 그러셨어!"

선생님의 좋은, 올바른 가르침이 있었기에 내 아이를, 둘레에 아이들을 변화하게 하고, 예쁜 그릇으로 채워 간다고 생각합니다.

5학년 것을 시작하다가 보니 아쉽게도 1.26.~4.23.까지 일기장이 없더군요. 온 집안을 다 뒤졌는데도 없네요. 제 기억으론 거기에도 재미난 내용들이 많았는데. 음악시간, 다리 다친 것이며…….

다시 찾아볼게요. 그리고 허락해 주셔서 감사합니다. 도와주신다는 말씀도요. 처음이라 사실 좀 막막했어요. 하다가 중간 중간 모르면 여쭐게요.

고맙습니다.

어머니는 길고 고단한 작업 끝에 한 권의 책으로 태어난 아이 일기 모음을 보내오셨다. 우리 반 아이들은 모두 돌려가며 읽고 꾸준히 일기를 써 온 영채와 그것을 모아 엮어 준 어머니에게 아낌없이 손뼉을 쳐 드렸다.(학년말에 교육청에서 문집 콘테스트가 있어 개인 문집 부문에 내보냈는데 최우수상을 받기도 했다.) 영채 어머니와는 이 일을 계기로 더 많은 편지와 이야기를 주고받았다. 아이를 사이에 둔 만남이 개인의 삶을 함께 나눌 수 있는 사이로 나아갔다.

이어지는 인연의 끈들

부모님들이 모둠 일기를 쓰면서 있었던 일이다. ○○엄마와 □□아빠는 그저 얼굴만 알고 있었던 사이였다. 두 사람이 마트에서 만났다. 전 같으면 서로 목례만 하고 지나쳤을 법한데 마주서서 너무도 반갑게 서로 이야기를 나눈다. 마치 전부터 친하게 지내 온 사이처럼 수다에 가까운 수준으로 말이다. 이야기인즉슨 모둠 일기를 쓰는 동안에 만난 적은 없지만 서로에 대해 많은 것을 알게 되었고 공감할 수 있는 그 무엇이 있었고 함께 나눌 이야깃거리가 생겨난 것이다. 한참을 자연스레 이야기하고 돌아오면서 '어? 우리가 언제부터 이렇게 만나면 자연스레 이야기하는 사이였지?' 그런 생각을 하면서 입가에 웃음이 흘러나왔다고 한다.

이처럼 모둠 일기를 쓰면서 부모들은 서로를 궁금하게 여기게 되었고 만나 보고 싶은 사이가 되었다. 글로만 봤던 아이들도 보고 싶고 누가 누구네 자식인지도 연결 지어 보려 했다. 학부모 모임에 처음 나오는 부모들도 자연스레 이야기 중심에 설 수 있었고 모둠 일기를 화제 삼아 공통의 이야깃거리가 생겨 그 만남이 더욱 값지고 진지해졌다고 한다. 뒤로 갈수록 학부모 모임이 시들해져 가는 것과는 달리 오히려 만남의 횟수나 모임에 나오는 이들이나 내용이 더욱 풍부해졌음은 말할 나위도 없다. 지난해처럼 올해도 부모들과 두 번을 만났다. 여전히 할 이야기가 많았다. 이제는 학부모와 교사라는 조금 불편한 관계가 아니라 '작년' 내 아이 담임과 학부모다. 그리고 같은 시대를 살아가는 길동무이기도 하다.

그리고 해가 바뀐 올해 어린이 날 행사장에서 나를 찾는 전화가 왔다. 작년 규환이 어머니다. 아이들과 남편과 함께 왔다며 행사장을 찾아오셨다.
"선생님, 규환이 아버지가 꼭 한 번 선생님 만나 보고 싶다고 해서 찾아왔어요."
글로만 만난 규환이 아버지였다. 반갑게 인사를 나누었다.
"규환이 아버지 글로만 보다가 오늘 직접 뵈니 규환이 아버지 일기장에 쓰신 글이 생각나네요. 글씨체랑 내용이 또렷이요."
"어이구, 그거 더 잘 쓸 수 있었는데 술 한 잔 하고 쓴 음주 일기입니다. 하하하."
"아, 예. 음주 일기 쓰신 분 규환이 아버지 말고도 많이 있습니다. 하하하."

이러면서 정말 전에도 만나 알던 사이처럼 유쾌하게 이야기를 나누며 자리를 이어 갔다.

상처를 딛고
도현이가 큰 키를 휘청이며 우리 반 교실로 들어왔다.
밝고 환한 낮으로.
편지를 주고 돌아서 나갔다.
알콜 중독 엄마를 밤새 뜬눈으로 기다리던 아이
엄마에게 성적인 상처까지 갖고 있던 아이
동무가 없어 외로웠던 아이
늘 초점 잃은 눈동자로 먼 곳을 바라보던 아이
컴퓨터 중독이었던 아이
왕따였던 아이
였다, 한때.
그러나 아니다. 2년 동안 함께 지내면서 싸우고 울고 웃고 토론하고 글 쓰고 상담하고 어깨 걸고 노래하며 그 모든 상처를 조금씩 치료해 나갔다.
엄마를 만나 상담하고 설득했다. 엄마를 모둠 일기에 참여시키면서 아이의 모습을 제대로 들여다보게 했다. 아이의 절망과 고통과 분노가 무엇인지, 아이에게 엄마의 존재는 어떤 것이어야 하는지를. 고통스럽지만 꼭 헤쳐 나가야 할 지난한 과정을 하나씩 하나씩 함께 해 나갔다.

선생님께

안녕하세요. 주쌤?

제 글씨체 보면 다 아시겠죠?

선생님과의 추억은 절대로 잊지 않을 거예요.

제가 왕따 당할 때도 구해 주시고

우리 가족에게도 신경 써 주신 선생님께 감사해요.

지금은 다른 반이지만 마음은 하나.

이렇게 선생님께 편지를 쓰니 기분이 맑아지는 것 같아요.

요즘은 애들하고 잘 지내고

왕따시키는 애들은 없어요.

이젠 친구들도 많이 생기고, 나머지 공부는 거의 맨날 하지만

저는 하루하루가 재미있어지고 있어요.

내일은 뭐 하구 놀까? 이런 마음으로 학교에 가요.

컴퓨터 중독은 이제 아니에요. 컴퓨터 중독 시험 봤을 때 31점 나오구 일반 사용자였어요.

이제 컴퓨터도 꽤 줄였어요.

선생님 감사합니다.

사랑해요.

그럼 안녕히.

이 편지 읽으시면 답장 주세요. 전 궁금하거든요.

                        2009년 5월 13일 도현이가 주쌤에게 올리는 편지.

편지를 천천히 읽어 내려가는데 왈칵 눈물이 쏟아졌다. 그 뒤로도 계속 눈물이 나와 다른 아이들 편지를 읽는 데도 멈출 수가 없었다. 며칠 전 아이는 시내에서 자전거 페달을 힘차게 휙휙 내저으며 달려오다가 나와 마주쳤다.
"어? 도현이, 어디를 그렇게 신나게 가는 거야?"
"공부방에 공부하러 가요. 참, 선생님 답장 잘 받았어요."
"그래. 또 편지해. 공부 열심히 하고~."

믿음과 연대는 가능하다

올해, 아이들은 6학년이 되었다. 학교에서 우리 아이들과 마주칠 때마다 얼마나 반갑고 좋은지. 손을 부딪히기도 하고 덜렁 안고 돌려주기도 하고 서서 재잘거리며 이야기를 나누기도 한다. 식당에서 기다렸다가 같이 앉아 밥을 먹기도 하고 운동장에 앉아서 새 학년이 된 소감을 서로 묻고 식구들 안부를 묻기도 한다. 가끔 아이들의 새 담임 선생님께 질투 섞인 지청구를 듣기도 한다.
"아예 지난해 반으로 돌아가지 그래요."
"이제 웬만하면 떨어지시지."
뭐 이런 말들이다.
부모님들과도 여전히 안부를 주고받는 사이가 되었다. 새 학기에도 지난해 학부모님들이 우리 교실에 발걸음을 하신다. 여전히 메일로 소식을 주고받는 분도 있고 이따금 밖에서 만나 술 한 잔, 차 한 잔 하는 분들도 있다. 이래 되면 1년으로 끝맺는 학부모와 담임 선생의 관계를 뛰어넘은 게 틀림없다. 서로에 대한 믿음. 이건 서로에게 힘이다. 이 힘으로 하지 못할 교육활동은 없지 않을까. 며칠 전에도 한 어머니가 메일을 보내왔다.

며칠 전까지만 해도 앞산, 봉황산 가득 흐드러진 벚꽃들의 행렬을 볼 수 있었는데 어느새 화려한 꽃들의 잔치가 끝났더군요. 게으른 나 같은 사람에겐 벚꽃도 사치였던가 봅니다.

그동안 편안하셨는지요. 바쁜 새 학기를 정신없이 보내셨을 거라 생각합니다. 귀여운 악동 친구들과도 이젠 많이 익숙해졌는지요. 매년 첫사랑을 만나듯 새 학년, 새 친구들과의 만남은 기분 좋은 기다림이었을까요.
2년 전, 선생님과의 인연이 새삼 떠오릅니다. 어렵게 가진 아이, 늦되는 학습으로 인한 무거운 걱정거리에 4학년이 된 후 담임 선생님과의 첫 만남은 특별했습니다. 지인에게 선생님의 사전 정보(?)를 알게 되었는데 아이들을 편견 없이 사랑하시는 분이라는 귀띔에 안심이었습니다.

모든 것에 흥미를 가지지 못하는 아이, 내 조급한 마음과는 상관없이 매번 아이와의 갈등은 원치 않는 상처만 남는 결과였습니다. 엄마의 못 미더움이 고스란히 예민한 아이에게 그대로 전달되어 서로에겐 지루하고 힘든 시기였습니다.

매일 일기를 꼼꼼하게 챙겨 주시고 세심하게 일일이 답글까지 적어 주시는 선생님에게 조금씩 아이는 마음을 열어 갔습니다. 엄마인 내게 조차 정직하게 말할 수 없었던 학교생활들이(성적, 친구 관계) 아이의 일기를 통해 소통할 수 있는 좋은 기회였습니다. 거칠게 사춘기 진입을 알리며 매일 아이는 건강하게 자랐습니다. 몸과 마음이 점점 커지고 미처 아이의 마음까지 따라가지 못해 당황스러울 때 선생님의 적극적인 개입으로 아이와의 관계는 조금씩 좋아졌습니다. 마음 졸이며 지켜보았던 아이의 호된 성장통 뒤엔 든든한 믿음으로 늘 응원해 주시고 격려해 주셨던 선생님이 계셨기에 가능한 일이었습니다. 새삼 고마운 마음입니다.

2년 내리 아이들의 담임을 맡으며 말 못할 선생님만의 고충, 안타까움 많았었고 고민도 깊었을 텐데 늘 한결같음으로 아이들을 사랑해 주셔서 얼마나 든든했는지요. 공부 못하는 아이의 무력감, 상처 받음에서 씩씩하게 잘 견딜 힘을 실어 주셔서 지금 내 아이는 날마다 새로워지고 있답니다.

지금도 5학년 때 선생님과 함께 만든 모둠 일기를 습관처럼 잠들기 직전 배를 깔고 다시 읽어 보며 지난 시절을 추억한답니다. 그 모둠 일기 속엔 그때의 아이들이 그대로 있으니까요. 선생님과 떠났던 현장학습조차 내 아이에겐 즐거운 소풍이었나 봅니다. 천은사를 들를 때마다 마주치는 두타 체험학습장을 보면서 뜨겁던 지난여름을 말하는 걸요.

모둠 일기를 통해 우리 집 아닌 다른 친구들의 생활을 엿볼 수 있어 좋았고 각각의 부모님들이 써 놓으신 일기도 즐겁게 감상했습니다. 내 아이에게 부족한 것, 넘치는 것, 채워야 하는 것, 등등……. 소소한 일상을 참 많이 접할 수 있어 개인적으론 많은 도움이었습니다. 아이가 무얼 아파하는지, 무얼 가장 원하는지, 좁은 교실에서의 아이 행동. 쉽게 접근할 수 없었던 부분들까지 모둠 일기를 통해 긍정적인 효과를 거둔 2년여의 일기 쓰기는 지금 내 아이의 훌륭한 스승이 되었습니다. 머리 숙여 감사드립니다.

가끔 선생님과 흩어진 친구들이 그리운지 곧잘 지난 얘기를 하곤 하지요. 부산으로 전학 간 원빈 어머니와 가끔 전화 통화를 하는데 원빈이도 삼척, 정라초등학교의 5학년을 추억한다는군요. 그만큼 선생님의 고운 영상이 여전히 아이 가슴엔 깊이 자리 잡고 있는 게지요. 그렇게 우리 아이들이 매일 밤새 훌쩍 자라는 것 같습니다.

깊은 정적의 시간. 아이도 달짝지근한 숨소리를 뱉으며 기분 좋은 꿈이라도 꾸는지 몸을 여러 번 뒤척이며 평화롭게 자고 있습니다. 잠들기 직전까지 지난 5학년 학급 문집 〈우린 딱딱 맞아!〉를 읽었답니다. 일일이 아이들 이름을 부르며 친구들 안부를 궁금해 하더군요. 아이에겐 잊을 수 없는 아름다웠던 시절이겠죠?^^

사람 낯을 많이 가렸던 아이에게 많은 용기와 사랑, 칭찬, 응원으로 아이는 뻔뻔스러울 만큼 당당하게 잘 자라고 있습니다. 고학년임에도 불구하고 여전히 공부를 안 해 내 속을 태우는 중이지만 아이 또한 자신을 믿고 좀 더 기다려 달라는 간절한 눈빛을 읽고 내심 안심이 되었답니다. 어제 그렇게 내 등을 두드리며 예쁘게 말을 했습니다.

밤이 깊었습니다. 선생님과 공유했던 내 아이의 교육, 믿음이 다시 생각나서 이렇게 새벽을 밝히며 편지를 쓰고 있습니다. 복도에서 선생님을 만나기라도 한 날이면 유라의 재잘거림은 그칠 줄 모릅니다. 목소리도 커지고 적당히 자신감도 보입니다. 선생님의 격려가 큰 힘이 되었습니다.
고.맙.습.니.다.

늘 아이들 속에서 행복해 하시는 선생님께 유라 엄마가.

불안한 사회에서
희망의 씨앗 찾기

우리 교육에 희망이 있을까요?

묻고 또 묻지만 자신 있게 말할 수는 없습니다. 환란과 공포와 억압이 우리 사회 전체를 스멀스멀 감싸고돕니다. 이 암흑의 공기가 우리네 삶 깊숙이 파고들어서인지 우리는 어느새 불의에 대한 분노도 성찰도 참된 가치를 부르짖는 일에도 무디어져 가고 있습니다. 사회 전체가 쑥대밭이 되어 가는 그 한가운데 교육이 있고 학교가 있습니다. 교실이 있고 아이들이 있습니다. 교실에서 아이들을 만나는 교사들은 무엇을 고민하고 어떤 실천을 해 나갈 수 있을까요?

흔히들 학생, 학부모, 교사 이 셋을 교육 주체라고 말합니다. 각각을 따로 떼면 교육을 생각할 수 없습니다. 교사들은 아이들과 만남을 너머 학부모와 관계 맺음도 늘 고민해야 합니다. 교사들의 처지에선 부모들과 소통하는 일이 쉽지만은 않습니다. 학부모도 천차만별이니까요. 하지만 이렇게 다양해 보이는 부모들도 실은 단순한 하나의 고리로 연결되어 있다는 사실을 알고 나면 오히려 가까운 곳에 길이 있음을 알 수 있습니다.

부모들이 더 불안하다
우리 시대 부모들은 아이들보다 더 불안해 합니다. 아이가 경쟁에서 낙오되지나 않을까 늘 초조해 하며 조바심을 냅니다. 이런 심리 바탕에는 '불안'이 자리하고 있는데, 사회 시스템이 어찌나 단단하게 무장시켜 놓았는지 웬만해선 이 불안의 실체를 똑바로 들여다보지도 못합니다. 어쩌면 보고도 못 본 척하는지도 모르겠습니다. 아이가 고통스러워 하는 울부짖음에도 귀 기울이지 않고, 병들어 가는데도 증상을 알아채지 못할뿐더러, 뚜렷한 치료 방법을 제시해도 눈을 돌려 버리곤 하니까요.
성적, 대학, 직업, 출세……. 우리는 미래에 대한 알 수 없는 불안으로 현재의 행복을 저당 잡혀 사는 현실을 당연하게 여기며 살아가고 있습니다. 허상의 무지개를 좇기 위해서라면, 그 어떤 삶도 희생할 수 있다는 각오로 말이지요. 이런 불안한 사회에서 교사가 부모들에게 해 줄 수 있는 일은 무엇일까요? 저는 현실을 똑바로 보게 하는 일이라고 여겼습니다. 현실을 회피하지 않고 한 알의 작은 씨앗을 뿌리는 마음으로 꼭 해야 하는 일이라고 생각한 것이죠. 고민하고 정성껏 준비하여 뿌린 씨앗은 반드시 소중한 열매를 맺는다는 희망의 메시지를 전하고 싶었습니다.

교사는 어디까지 아이들의 삶을 위로해 줄 수 있을까
제가 아이들과 만나 오면서 한 해도 거르지 않고 해 온 교육활동이 몇 가지 있습니다. 그 가운데 하나가 글쓰기입니다. 우리 아이들과 함께 삶을 가꾸어 나가는 글쓰기 공부였지요. 일기 쓰기도 같은 길이었습니다. 아침마다 책상 위에 수북이 놓인 아이들 일기를 읽으며 하루를 열었습니다. 아이들의 삶이 녹아든 일기를 통해 아이들의 숨결과 생각과 고민을 함께 나누었습니다.

그러나 교사와 아이들만의 소통에는 한계가 있었습니다. 특히 아이들의 아픔과 고민이 가정 문제(성적 문제, 가정불화)와 연결되어 있을 때가 가장 고민스러웠습니다. 과연 교사는 어느 선까지 아이들의 삶을 공감하고 위로해 줄 수 있을까요? 부모가 아이들을 벼랑 끝으로 내몰고 있을 때, 교사가 내민 손은 아이들이 겪고 있는 문제를 근본부터 해결해 줄 수 없었습니다.

부모도 아이들의 고민을, 방황을, 아픔을 이해하고 바로 볼 수 있는 힘을 길러야 한다는 생각에 부모님과의 만남을 모색해 보았습니다. 부모들은 대개 자기 자식만 보는 경우가 많습니다. 아이의 동무를, 또래의 특성을, 교실이라는 공동체를 보지 못하고 내 자식에게만 초점을 맞추다 보니 생기는 문제입니다. 때로는 교실에서 아이들 사이에 일어나는 사소한 다툼으로 부모들 관계마저 불편해지거나 교사의 교육활동에 오해가 생겨 난

감할 때도 부모님들과의 관계 맺음은 절실하게 다가왔습니다.

교사, 부모를 만나다
더는 미룰 일이 아니다 싶었습니다. 그래서 부모님들을 교실로 끌어들였습니다. 아이들이 쓴 글을 나누어 읽으며 아이들이 바라보는 부모님과 아이들 눈에 비친 어른들의 모습, 아이들의 고민을 숨김없이 이야기하는 자리를 마련했습니다. 자칫 형식적으로 흐를 수 있는 행사를 활용하여 학부모 공개수업, 학급 마무리 잔치, 월별 학급 행사에 부모님들이 참여할 수 있는 자리도 따로 만들어 나갔습니다. 그러다 보니, 자기 생각을 터놓고 쉽게 말하지 못하고 그저 보고 듣기만 하던 부모님들의 마음이 조금씩 열리는 걸 느낄 수 있었습니다. 다행히 연이어 두 해 동안 같은 아이들을 만난 덕분에 더 많은 시도를 할 수 있었습니다.
이런 다양한 시도들은 부모님들을 글쓰기(일기 쓰기)에 참여하도록 이끄는 일로 모아졌습니다. 여섯 사람이 한 모둠을 꾸리고, 모둠마다 일기장을 마련하여 아이들과 부모님들이 하루씩 돌아가며 일기를 써 나갔습니다. 이 활동이 바로 '부모와 함께 쓴 모둠 일기'입니다. 아이들이 쓰는 모둠 일기에 부모님들도 함께 쓰게 한 까닭은 아이들과 부모님들이 생각을 나눌 수 있는 자리로 여겼기 때문입니다. 다른 아이를 통해 내 자식을 보고, 다른 부모의 글과 생각을 통해 자신을 비추어 보는 기회가 될 수 있다고 여겼습니다. 물론 그 자리에는 교사인 저도 함께 했습니다. 늘 그렇듯 처음은 설레고 두렵고 떨렸습니다.

'부모와 함께 쓴 모둠 일기'가 만들어 낸 작은 변화
아이들이 하루하루 모둠 일기장에 받아 온 글들을 보며 적잖이 놀랐습니다. 아버지들도 함께 했고 할머니, 누나, 동생이 참여하기도 했습니다. 부부가 번갈아 쓰기도 하고, 온 집안 식구가 모여앉아 함께 쓰기도 했습니다. 사이를 좁히고 서로를 이해하는 변화의 기운을 느꼈습니다. 서로를 마주보는 대화 마당 역할을 하게 된 셈입니다. 아이와 부모, 남편과 아내, 교사와 학부모, 교사와 아이가 그 안에 어우러져 함께 숨 쉬고 있었습니다.

숱한 뒷이야기와 감동의 물결이 우리들 사이를 비집고 들어왔습니다. 얼굴은 모르지만 한 모둠에서 일기장을 매개로 알게 된 부모님들은 서로 만나고 싶어 했고, 우리 반 모두가 한자리에 모여 체육대회를 열자는 제안도 잇따랐습니다. 모둠 일기 쓰기를 마치고는 부모님들이 쓴 소중한 글들을 책으로 엮어 보내 드렸습니다. 다들 정말 좋아해 주시더군요.

그 후 학급이 어떻게 굴러갔을지는 어렵지 않게 짐작할 수 있겠지요. 부모를 이해할 수 없다며 거칠게 대들던 아이도, 시험 때만 되면 아이들 숨통을 옥죄던 부모들도, 아이들이 겪는 아픔은 외면한 채 어른들의 이기심으로 가정을 흔들던 부모들도, 부모 말보다 선생님 말을 더 따라서 속상하다고 푸념하던 부모들도 모두 긍정의 기운을 가진 사람들로 바뀌어 갔습니다. 교실에서 일어나던 많은 갈등의 원인들이 하나하나 치유되고 있음을 느낄 수 있었습니다.

우리 아이들을 지켜 주는 연대와 소통
경쟁만이 살 길이라며 온갖 비이성의 정책들을 쏟아 내는 이 척박한 길 한가운데 우리는 함께 서 있습니다. 아이들은 물론 어른들도 몸을 곧추 세우고 무언가를 부여잡지 않으면 휩쓸려 떠내려갈 듯한 기세입니다. 광기와 야만의 시대에 우리가 손을 맞잡지 않으면 안 되는 까닭이 여기에 있습니다. 교사와 부모가 소통하고 연대하고 손을 맞잡을 때, 우리 교육에 희망이 돋아나고 아이들을 지켜 낼 수 있습니다. 바로 지금 이 순간에도 할 일이 너무 많습니다. 긴 호흡으로 서두르지 않으며 자신이 선 자리에서 할 일들을 시작해 봅시다. 두려움과 무기력을 떨치고 말이지요.